키워드 한국사 ④

이 책을 펴내면서

이제 막 역사의 문턱에 들어선 친구들에게

역사란 무엇일까?

너희들은 친구를 처음 사귈 때 그 아이가 그동안 어디에서 살았으며 가족은 누구인지, 또 어떤 환경에서 자랐는지 궁금한 적이 있었을 거야. 역사란 바로 그런 거란다. 이미 흘러가 버린 과거에 무슨 일이 있었는지 궁금해하고 그것을 알아 가는 과정이 곧 역사라는 거야. 그렇게 과거에 대해 잘 알게 되면 다가올 앞날을 더욱 알차게 계획할 수 있게 되지.

그런데 바로 며칠 전 교실에서 일어난 일을 두고 반 친구들이 저마다 다르게 얘기한 때가 있을 거야. 만약 며칠 전이 아니라 한참 전에 일어났던 일이라면 더 말할 필요도 없겠지. 그것은 시간이 흘러 기억이 흐릿해질 수도 있고 또 그때의 상황을 저마다 다른 처지에서 바라보기 때문일 거야.

역사도 그렇단다. 역사에서 우리에게 남겨진 것은 항상 얼마 안 되는 기록과 흔적뿐이야. 게다가 기록을 남긴 사람의 관점에 따라 다르게 기록한 경우도 많지. 그 기록을 세심하게 뜯어 살펴서 언제 무슨 일이 어떻게 일어났는지를 정확하게 재구성하는 것이 역사란다. 그래서 역사를 공부할 때는 암기력이 아니라 세심한 관찰력과 논리적인 추리력이 필요한 거야.

이런 점에서 『키워드 한국사』에서는 과거에 일어난 특정한 사건을 놓고 그것이 왜 일어났는지, 그것이 일어날 수밖에 없는 어떤 사정이 있었는지, 그 사건에 숨어 있는 의미는 무엇인지를 논리와 추리를 최대한 동원해서 밝혀 보려고 했단다. 역사를 공부할 때는 역사적인 사실을 낱낱이 잘 아는 것보다 사건이 일어난 배경이라든가 사실들의 관계, 역사적인 맥락을 이해하는 것이 더 중요하다고 생각하기 때문이야.

『키워드 한국사』는 권마다 30개 안팎의 키워드로 이루어져 있어. 해당 시대를 이해하는 데 꼭 필요한 역사 개념과 인물·사건·생활·문화 등 다양한 분야의 키워드가 골고루 포함되어 있단다. 말하자면 우리 역사를 알 수 있는 중요한 단서라고나 할까?

예를 들면 세종 시대에 학문과 과학 등 조선의 문화가 한껏 꽃필 수 있었던 것은 이에 앞서 태종이 왕권을 강화하고 정치와 행정 조직을 새로이 정비하여 나라의 기틀을 확실히 세워 놓았기 때문이야. 그래서 세종 시대의 문화를 이해하려면 '태종'이라는 키워드가 필요한 거지. 또 과감한 개혁 정치를 펼치다가 억울하게 죽은 '조광조'를 이해하려면 신하들이 폭정을 일삼는 연산군을 몰아내고 새로운 왕을 왕위에 올린 '중종반정'이라는 사건을 알아야 한단다.

이렇게 역사의 키워드, 곧 역사의 단서들을 엮어 나가다 보면 역사의 흐름이 자연스럽게 보일 거야. 그러니까 연도나 사건, 인물 등을 달달 외울 필요는 없단다. 이 책을 읽고 우리 역사에 호기심을 갖게 되거나 또 다른 궁금증이 꼬리에 꼬리를 물고 생겨나서 우리 역사를 더 알고 싶다는 마음이 생긴다면, 그게 바로 진짜 역사 공부가 되는 거야.

이 책에 나오는 키워드를 바탕으로 너희들 스스로 새로운 역사 키워드를 더 많이 찾아내 주길 바란다.

『키워드 한국사』 글쓴이들

차례

1 조선의 기틀을 다지다

키워드 01 **조선 건국** 새로운 나라를 열다 12

키워드 ➕ **성리학** 새 나라 조선의 건국 이념 20

키워드 02 **한양** 새 나라는 새 도읍에서 22

키워드 03 **조선의 궁궐** 왕과 왕실 가족이 사는 곳 30

키워드 04 **태종** 땅끝까지 왕의 뜻을 전하라 38

키워드 05 **3사와 5위** 나라 운영을 위한 제도를 갖추다 46

키워드 ➕ **조선왕조실록** 조선의 역사가 담긴 타임캡슐 52

키워드 06 **양반과 천민** 사람마다 귀하고 천함이 있다 54

키워드 07 **과거 제도** 나라의 인재를 키우다 60

키워드 08 **성균관과 향교** 조선의 인재를 기르는 교육 기관 66

2 문화와 과학을 꽃피우다

키워드 09 **세종** 백성을 위하는 왕이 되리라 74

키워드 10 **집현전** 조선의 학문과 문화를 이끌다 78

키워드 11 **농사직설과 공법** 백성의 배를 부르게 하리라 84

키워드 12 **훈민정음** 우리말을 우리글로 쓰고자 하노라 90

키워드 13 **측우기** 과학의 꽃을 피우다 98

키워드 14 **4군 6진** 조선의 힘을 알리다 108

3 새로운 세력 사림이 등장하다

키워드 15 **세조** 조카를 내쫓고 왕위에 오르다 116

키워드 16 **성종** 뛰어난 정치력으로 나라의 기틀을 완성하다 124

키워드 17 **경국대전** 『경국대전』을 보면 조선이 보인다 130

키워드 18 **중종반정** 신하들이 왕을 바꾸다 138

키워드 19 **조광조** 성리학 이념이 실현되는 이상 사회를 꿈꾸다 142

키워드 20 **서원과 향약** 사림파의 밑거름이 되다 148

키워드 ✚ **향촌 사회** 스스로 움직이는 향촌 사회 152

키워드 21 **이황과 이이** 조선의 성리학을 완성하다 154

키워드 22 **임꺽정** 백성을 도적으로 만드는 세상 162

4 전쟁이 일어나다

키워드 23 **임진왜란** 전쟁이 시작되다 168

키워드 24 **이순신** 이순신, '바다의 전설'이 되다 176

키워드 ✚ **거북선과 판옥선** 조선 수군의 주력선 184

키워드 25 **의병** 승리의 물꼬를 트다 186

키워드 26 **강화 회담** 명나라가 전쟁에 참가한 까닭 192

키워드 27 **정유재란** 다시 닥쳐온 전쟁 196

키워드 28 **조선 통신사** 전쟁 포로를 데려오기 위해 나서다 202

연표 208
찾아보기 210
사진·그림 제공 및 출처 214

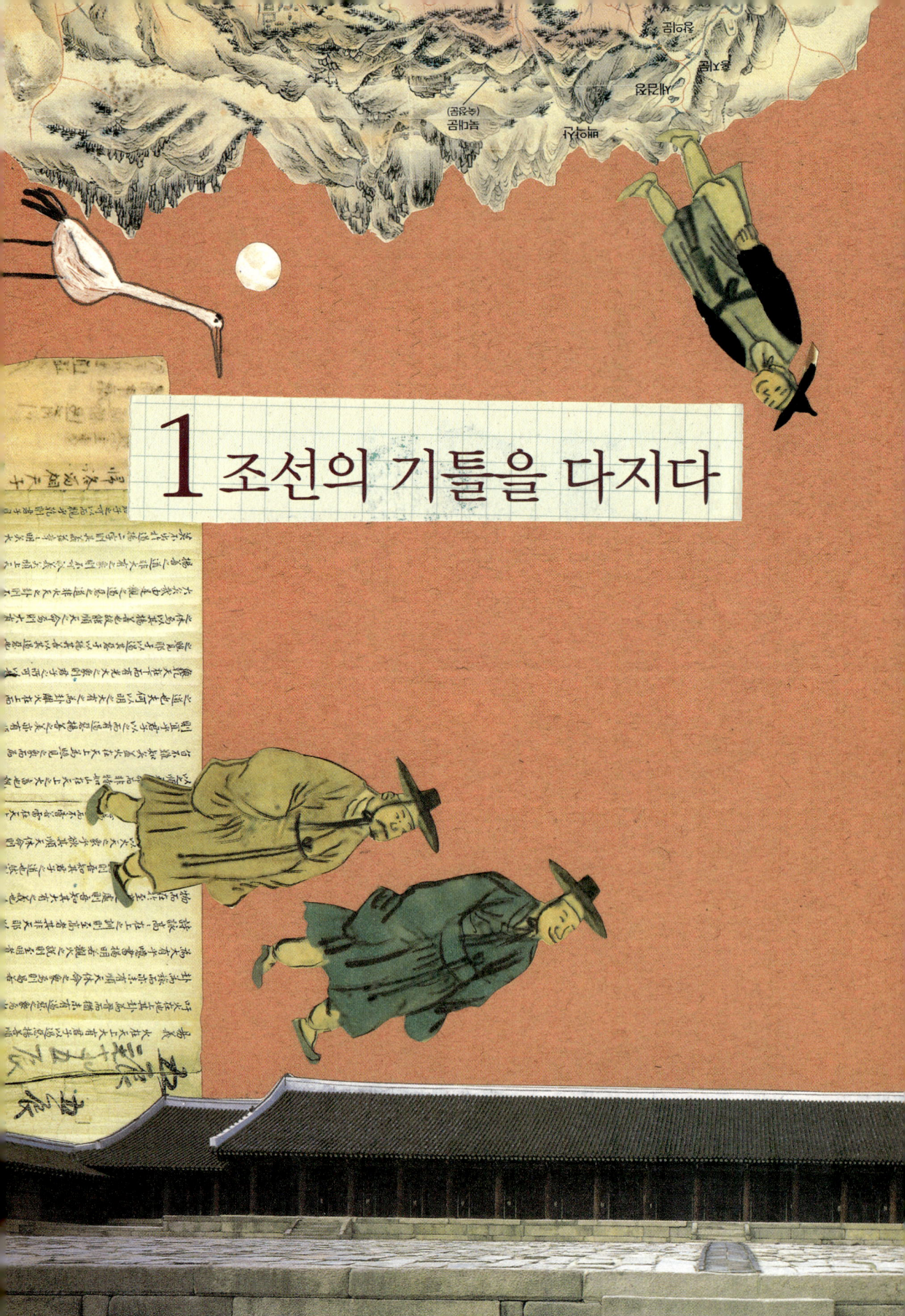

1 조선의 기틀을 다지다

너희들은 새 학년이 되면 어떤 마음이 드니? 학교에서 받아 온 새 교과서에 이름을 쓰고 새 공책을 준비하면서, 이번에는 열심히 공부하리라, 지난해와는 다른 성적표를 받아 보리라 다짐하지는 않았니? 조선을 세운 이성계와 신하들도 고려와는 다른 나라를 만들겠다 다짐하고 여러 가지 제도와 문물을 새로이 정비하는 데 온 힘을 쏟았단다. 새로운 나라 조선은 어떻게 나라의 기틀을 다져 나갔을까?

키워드 01 　조선 건국

새로운 나라를 열다

고려가 나라 안팎으로 혼란을 겪고 있을 때 새로운 세상을 꿈꾸는 사람들이 나타났단다. 이들은 지방에 살면서 힘을 기르며 성리학을 연구한 신진 사대부였어. 신진 사대부는 성리학에 충실한 나라를 세우기 위해 고려 왕조를 무너뜨리고 조선을 세웠어. 바로 그 중심에 이성계가 있었지. 새로운 나라 조선은 어떻게 세워졌을까?

【 신진 사대부가 등장하다 】

고려 말의 사회 상황은 매우 어지러웠어. 북방 민족과 왜적의 잦은 침입으로 국력은 약해지고, 원나라에 빌붙어 권력을 유지해 온 권문세족은 여전히 권력을 장악하고 부패와 횡포를 일삼았어.

권문세족은 정치권력뿐만 아니라 경제적인 이익을 독차지하고, 심지어는 갖은 방법으로 농민들의 땅까지 빼앗아 토지를 늘려 나갔어. 뿐만 아니라 자기들이 갖고 있는 대농장에 대한 세금은 한 푼도 내지 않았지.

불교도 타락하여 나라 종교로서의 역할을 잃은 지 오래였어. 고려는 불교 국가인 만큼 사찰에 세금을 면제해 주었기 때문에 사찰 또한 많은 땅과 노비를 차지하고, 백성들에게 돈을 빌려 주고 이자를 받으며 재산을 불려 나갔어.

엄청난 땅을 갖고 있는 권문세족과 불교 사찰이 세금을 내지 않으니 나라 재정은 바닥나 버렸고, 그 몫은 고스란히 백성에게 돌아갔어. 권문세족과 불교 사찰은 자기들 땅이 어디까지인지 모를 정도로 많은 땅을 차지한 반면, 가난한 사람들은 송곳 꽂을 땅조차 없이 세금에 시달려야 했지.

권문세족과 불교의 폐단이 심해지자 이들에 대한 비판 또한 높아 갔어. 그러면서 새로운 사상이 고려 사회에 널리 퍼지기 시작했지. 바로 유학의 한 갈래인 성리학이란다. 권문세족과 불교에 비판적이었던 많은 관리와 학자들은 민본 정치와 도덕 정치, 왕도 정치를 강조하는 성리학을 부패한 권문세족과 불교를 비판할 수 있는 사상적인 무기로 삼았어. 성리학을 바탕으로 고려 사회의 문제점을 고민하고 그 해결책을 찾으려 했던 거야. 이런 사람들을 새로 생긴 사대부라 해서 '신흥 사대부' 또는 '신진 사대부'라고 한단다.

신진 사대부는 음서 제도를 통해 과거를 치르지 않고도 관리가 된 권문세족과는 달리 주로 지방의 중소 지주 출신으로 과거에 급제해 관리가 된 사람들이었어. 정도전을 비롯해 정몽주, 조준, 권근 등이 대표적인 신진 사대부였지. 이들은 모두 고려 사회를 개혁하자는 데 뜻이 같았어.

【 정도전과 이성계의 만남 】

정도전은 스물을 갓 넘긴 나이에 과거에 급제해 벼슬길에 올랐어. 공민왕의 눈에 띄어 성균관 교관으로 들어가서 정몽주 등 여러 학자들과 성리학에 대해 토론하며 제법 순탄한 벼슬길을 걸었지.

하지만 친원 정책을 비판하며 권문세족에 맞섰다가 전라도 나주로 귀양을 가게 돼. 정도전은 귀양살이를 하면서 백성들의 힘든 삶을 자세히 들여다볼 수 있었어. 그러면서 고려 사회를 꼭 바꿔야겠다는 의지를 다지게 되었지.

정도전 초상화

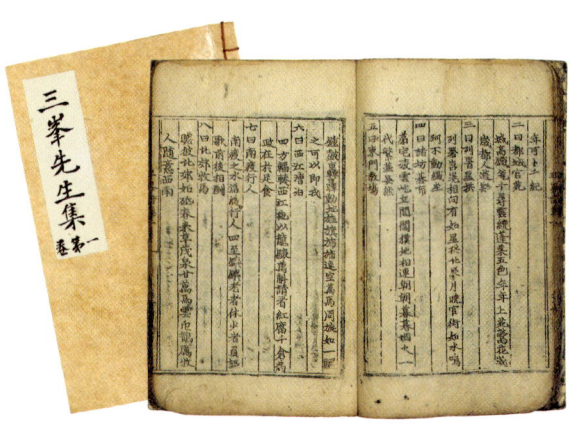

『삼봉집』 정도전은 조선의 문물과 제도를 정비해 나라의 기틀을 잡는 데 큰 역할을 했다. 『삼봉집』은 정도전이 쓴 글을 모아 놓은 문집으로, 조선의 건국 이념과 정도전의 사상이 잘 담겨 있다.

정도전은 먼저 불교와 권문세족의 폐단이 고려의 가장 큰 문제점이라 보고 불교를 억제하는 정책을 펴야 한다고 생각했어. 또 권문세족의 힘을 약화시키고 나라 재정을 튼튼히 하려면 토지 개혁이 필요하다고 보았지. 하지만 고려 사회에서는 이러한 정책을 펴는 게 현실적으로 불가능해 보였어. 그래서 정도전은 성리학을 근본 이념으로 하는 새로운 나라를 꿈꾸었어. 그것은 다름 아닌 백성을 근본에 두고(민본 정치), 도덕을 바탕으로(도덕 정치), 덕으로 백성을 다스리는(왕도 정치) 나라였어.

귀양살이에서는 풀려났지만 정치 활동이 금지되자, 정도전은 '삼봉재'를 열어 제자들을 가르쳤어. 그런데 그마저도 권세가들의 방해로 문을 닫게 되었지. 정도전은 고려를 무너뜨리는 것밖에는 길이 없다는 걸 깨닫고 1384년, 함경도 함주 막사에 있는 이성계를 찾아갔어. 군사력을 갖고 있는 이성계와 힘을 합치려고 한 거야.

이성계는 고려 말에 여진족과 홍건적, 왜구가 고려를 침입해 오자 전국 각지에서 전투를 벌여 큰 전과를 올렸어. 특히 걸핏하면 해안뿐 아니라 내륙까지 들어와 민가를 불태우고 약탈을 일삼던 왜구를 전라도 황산에서 크게 물리쳐 이름을 떨쳤단다. 이성계는 활을 매우 잘 쏘고 무장으로서 통솔력이 뛰어나 전투마다 백전백승했어. 또한 다른 권세가들처럼 부정한 방법으로 부를 쌓지도 않았지. 그래서 백성들은 이성계를 어지러운 세상을 구할 영웅으로 여겨 믿고 따랐어. 정도전은 바로 이런 이성계의 명망과 군사력이라면 무슨 일인들 못하겠느냐고 판단했지.

두 사람은 첫 만남부터 뜻과 배포가 맞아 그 뒤로도 가까이 지냈어. 이성계는 실제로 조선을 세운 뒤에도 정도전을 믿고 그에게 조선의 기틀을 세우는 큰 역할을 맡기게 돼. 이렇게 정도전의 '문(文)'과 이성계의 '무(武)'가 만나면서 역사의 방향은 새로운 혁명의 길로 흘러가고 있었단다.

【 혁명의 시작, 위화도 회군 】

1388년, 이성계는 그동안의 공로를 인정받아 수문하시중(부수상)에 올랐어. 문하시중(수상)인 최영 다음으로 높은 벼슬이었지.

그런데 이 무렵 중국에서 세력을 키워 가던 명나라가 철령 이북의 땅을 돌려달라며 고려를 자극해 왔어. 철령 이북 땅은 본래 공민왕 때 원나라로부터 되찾은 고려의 땅인데, 명나라가 억지를 부리고 나선 거야.

우왕과 최영은 명나라의 요동 지방을 정벌하자고 주장했지만, 이성계는 네 가지 이유를 들어 요동 정벌을 반대했어. 이를 '4불가론'이라고 해.

"첫째, 작은 나라가 큰 나라를 거역할 수는 없다. 둘째, 모내기를 해야 하는 지금 군사를 모으면 농사지을 사람이 없다. 셋째, 군대를 모두 요동으로 보내면 그 틈을 타 왜구가 쳐들어올 것이다. 넷째, 여름철이라 활에 입힌 아교가 풀어지고, 병사들 사이에 전염병이 돌 수 있다."

하지만 우왕과 최영은 이성계의 말을 무시하고 요동 정벌군을 편성했어. 이성계는 마지못해 군대를 이끌고 요동으로 향해야 했지. 그런데 압록강을 건너 요동으로 들어가기 전 위화도에 주둔한 이성계는 군대를 돌리기로 마음먹고 조민수를 비롯한 여러 장수들을 설득했어.

"대국인 명나라를 침범하면 그 화가 곧바로 나라와 백성에게 닥칠 것이오. 지금 군사를 돌려 개경으로 가면 임금 곁에 있는 악한 신하들을 몰아내

고, 백성들이 편히 살 수 있도록 하겠소."

 이성계는 결국 위화도에서 고려의 도읍 개경으로 말 머리를 돌렸어. 이를 '위화도 회군'이라고 해. 위화도 회군은 이성계가 고려를 뒤엎고 새 나라를 세우는 혁명의 출발점이었어.

【 토지 제도 개혁으로 민심을 얻다 】

개경으로 돌아온 이성계는 최영과 우왕을 쫓아내고 고려 조정을 장악했어. 이성계는 위화도 회군을 지지한 신진 사대부와 함께 우왕의 뒤를 이어 왕위에 오른 창왕마저 몰아내고 허수아비 왕으로 공양왕을 세웠어.

 최고 권력자가 된 이성계는 정도전, 조준 등과 더불어 본격적으로 개혁 정책을 펼쳐 나갔어. 먼저 나라를 운영하는 데 필요한 재정을 마련하고 백성의 생활을 안정시키는 일이 시급했어. 이를 위해서는 토지 문제를 해결해야 했지. 공민왕 때에도 토지 개혁을 실시하려고 했지만 권문세족의 반발로 실패하고 말았어. 이번에도 반대편의 저항은 만만치 않았지만, 이성계는 신진 사대부와 힘을 합쳐 토지 개혁을 강력하게 추진했어.

1391년, 마침내 이들은 전국의 토지를 조사하여 새로운 토지 대장을 만들고, 원래 있던 토지 대장은 모두 불태워 버렸어. 권문세족과 불교 사찰이 불법으로 차지하고 있던 땅을 빼앗아 원래 주인에게 돌려주거나 나라의 땅으로 삼았지. 그리고 경기도 땅에 한하여 현직 관리들이 그 땅에서 생산되는 곡식량의 10분의 1을 세금처럼 받아서 쓰게 했어. 이를 '과전법'이라고 해.

과전법은 권문세족의 가혹한 수탈과 착취에서 농민들을 얼마간 벗어나게 해 주었어. 그래서 '이밥(이씨가 내려 준 밥)'이라는 말이 생겨날 정도로 농민들은 이성계의 토지 개혁을 지지했단다. 이성계 세력은 과전법을 통해 나라 재정뿐만 아니라 신진 사대부의 경제적 기반도 갖추게 되었어. 백성들의 마음까지 얻은 것은 두말할 필요가 없겠지!

【 이성계, 조선을 건국하다 】

신진 사대부는 고려 사회의 문제를 해결하자는 데서는 대부분 뜻을 함께했지만 해결 방법에서는 입장이 달랐어. 정도전을 비롯한 급진파는 새로운 왕조를 세우는 역성혁명을 주장한 반면, 정몽주 등 온건파는 고려 왕조를 유지하면서 점진적으로 개혁해 나가자고 주장했지.

정몽주는 이성계가 창왕을 몰아내고 공양왕을 세우는 것에는 찬성했지만, 이성계와 혁명 세력이 공양왕까지 폐위하고 새 왕조를 세우려 하자 이들과 갈등을 빚게 되었어. 정몽주는 아버지가 돌아가시자 무덤 옆에 초막집을 짓고 3년 동안 아버지의 무덤을 지켰을 정도로 유교의 예법인 효와 충을 중요하게 여긴 사람이었어.

그러던 어느 날, 이성계가 사냥을 하다가 말에서 떨어져 크게 다쳐 움직일 수 없게 되었어. 정몽주는 이성계 일파를 제거할 기회라 여기고 정도전과 조준 등을 귀양 보냈어. 그러고는 이성계의 집으로 문병을 가 이성계 쪽 움직임을 살폈지.

그런데 정몽주가 집으로 돌아가려고 선죽교를 지나가는 순간, 자객이 쇠몽둥이로 그의 머리를 내리쳤어. 정몽주를 살려 두면 안 되겠다고 생각한 이방원이 보낸 자객이었지. 이방원은 이성계의 다섯째 아들이란다.

새 왕조를 세우는 데 가장 큰 걸림돌이 되었던 정몽주가 죽자, 이성계를 왕위에 올리려는 움직임은 한층 더 빨라졌어. 정도전, 남은, 조준 등은 공양왕을 폐위시키고 이성계를 왕으로 추대했어.

1392년 7월, 이성계는 마침내 공양왕에게 왕위를 물려받는 형식으로 즉위식을 치르고 고려의 왕이 되었어. 하지만 실제로는 왕의 성씨가 '왕'씨에서 '이'씨로 바뀌었으니, 새 왕조가 탄생한 거야. 이처럼 왕의 성씨

선죽교 개성시 선죽동에 있는 고려 시대 돌다리이다. 원래 이름은 선지교인데, 정몽주가 죽은 뒤 다리의 돌 틈에서 대나무가 솟았다고 하여 선죽교로 바꿔 부르게 되었다. 선죽교 근처에 정몽주를 기리는 숭양 서원이 있다.

정몽주 초상화

태조 이성계 어진 어진은 임금의 초상화를 말한다. 태조의 어진은 원래 개성·함흥·평양·전주·경주 등 5곳에 있었는데, 임진왜란 때 불타 버려 지금은 전주의 경기전에만 유일하게 남아 있다. 국보 317호.

가 바뀌며 새로운 왕조가 들어선 것을 '역성혁명'이라고 해. 위화도에서 회군한 지 4년 만의 일이었지.

태조 이성계는 새 나라의 왕이 되었지만 고려의 것을 한번에 버릴 수는 없었어. 고려라는 나라 이름을 그대로 쓰고 법과 제도도 고려의 것을 따르겠다고 했어. 새 왕조에 맞는 체제로 정비하려면 시간이 필요했고, 백성들이 술렁이는 것을 막으려고 그렇게 한 거란다.

태조는 명나라에 사신을 보내 자신이 왕이 되어 새 왕조가 들어서게 되었다는 소식을 전했어. 명나라에서 새 왕조의 이름을 물어 오자, 이성계는 신하들과 의논하여 고조선을 계승한다는 뜻에서 '조선'과 이성계의 고향인 '화령(함흥의 옛 이름)', 두 개의 이름을 명나라 황제에게 보냈지. 명나라에서는 "조선이라 부르는 것이 아름답고 그 유래가 오래되었으니, 그 이름을 따르는 것이 좋겠다."는 답을 보내왔어.

대국인 명나라로부터 새 왕조의 탄생을 인정받은 태조는 나라 이름을 조선이라 바꾸었어. 그리고 새 도읍지 건설부터 시작하여 법과 제도 등을 새로이 정비하면서 조선의 기틀을 하나씩 세워 나갔단다.

키워드＋　성리학

새 나라 조선의 건국 이념

　불교가 타락하는 모습을 보다 못한 신진 사대부들은 절이 불법으로 차지하고 있던 땅과 노비를 원래 주인에게 돌려주거나 나라의 땅으로 삼았어. 또 나라의 허락 없이 승려가 되지 못하게 함으로써 승려의 수를 줄이고, 승려가 한양 도성 안으로 들어오는 것을 막기도 했지. 신진 사대부들은 이렇게 불교를 억제하고 불교를 대신할 사상으로 성리학을 택해 유교를 떠받들었어. 이를 '억불숭유 정책'이라고 해.

　그런데 성리학이란 무엇일까? 공자와 맹자가 정리해 놓은 유학을 송나라의 학자 주희가 새롭게 해석해 완성한 것이 성리학이란다. 그러니까 성리학은 유학의 한 갈래인 거지. 성리학에서는 자연과 인간에 이르는 우주의 만물을 '이(理)'와 '기(氣)'로 설명해. '이'와 '기'를 간단하게 설명하기는 아주 어려워. 그래도 조금은 알아야 성리학을 나라 이념으로 삼은 조선을 이해하는 데 도움이 되겠지!

　'이'란 변하지 않는 고정불변의 것을 가리켜. 세상에서 변하지 않는 게 뭘까? 예를 들면 부모와 자식 사이에 지켜야 할 도리, 곧 '효'는 변하면 안 되겠지. 마찬가지로 왕과 신하 사이에도 지켜야 할 '충'이라는 도덕이 있는데, 이 또한 변하지 않는 진리라는 거야.

　'기'는 사람을 보면 알 수 있어. 사람은 태어나 성장하고, 늙고 병들어 마침내는 죽잖니. 이처럼 '기'는 끊임없이 변화하는 것을 말해. 사람의 마음도 변화하는 것 가운데 하나야. 어떤 일이나 사람에 대한 평가도 시대나 상황에 따라 달라지지.

　성리학에서는 우주의 만물을 움직이는 것은 '기'이지만, 기보다 더 높은 곳에 있으며 근본이 되는 것은 '이'라고 했어. 사람으로 치면 '기'는 육체이고 '이'는 정신인 셈이지. 또 '기'가 현실이라면 '이'는 이상이라고 볼 수 있어.

　성리학을 공부한 신진 사대부들은 윤리와 명분을 강조하는 성리학이야말로 권문세족과 불교의 부패로 위기에 빠진 고려를 구해 낼 사상이라고 믿었어. 왕은 왕으로서 지켜야 할 도리가 있고 신하와 백성들도 지켜야 할 도리가 있으니, 각자의 역할과 책임을 다하면 새로운 세상을 만들 수 있다고 믿은 거야.

　신진 사대부들은 왕이 백성을 근본에 두고 도덕을 바탕으로, 백성의 어버이로서 덕을 베푸는 정치를 펴는 것을 이상으로 삼았어.

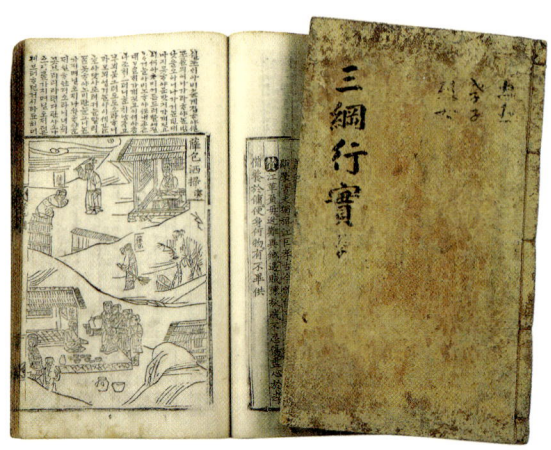

『삼강행실도』 임금과 신하, 부모와 자식, 남편과 아내의 도리 등 삼강에 모범이 되는 충신·효자·열녀의 이야기를 뽑아 그림을 곁들여 알기 쉽게 만든 책이다. 유교 윤리를 널리 보급하기 위해 펴냈다.

그렇다면 신하와 백성은 어때야 할까? 신하와 백성이 지켜야 할 도리와 역할을 구체적으로 정리한 것이 '삼강오륜'이란다. 신하는 임금을 섬기고(군위신강), 아들은 아버지를 섬기며(부위자강), 아내는 남편을 섬기는 것(부위부강)이 근본이라는 게 '삼강'이야. '오륜'은 사람이 지켜야 할 다섯 가지 윤리를 말해. 부모와 자식 사이에는 친함이 있어야 하고(부자유친), 임금과 신하 사이에는 의로움이 있어야 하며(군신유의), 남편과 아내 사이에는 구별이 있어야 하고(부부유별), 어른과 아이 사이에는 차례가 있어야 하며(장유유서), 벗 사이에는 믿음이 있어야 한다(붕우유신)는 것이 오륜이란다.

삼강오륜은 이 밖에도 아내와 첩, 정식 아내가 낳은 아들과 첩이 낳은 아들, 주인과 노비, 땅 주인과 빌린 땅에 농사를 짓는 소작농까지 모든 인간관계에 두루 적용되는 윤리야. 삼강오륜은 아랫사람이 윗사람에게 복종할 것을 강조해. 그러면서도 윗사람이 아랫사람에게 지켜야 할 도리와 배려에 대해서도 무시하지 않아.

조선 초기에는 삼강오륜 같은 유교 윤리가 주로 양반들에게 퍼지고 일반 백성들에게는 잘 받아들여지지 않았어. 나라에서 지방 곳곳에 학교를 세우고 『소학』과 『삼강행실도』 등을 가르치며 유교를 널리 퍼뜨리는 데 힘쓴 결과 백성들 사이에도 유교가 서서히 퍼지게 된단다.

키워드 02 한양

새 나라는 새 도읍에서

조선을 세운 태조 이성계가 가장 급하게 해야 할 일은 무엇이었을까? 그것은 바로 새 나라에 걸맞은 새 도읍을 건설하는 일이었어. 고려의 도읍이었던 개경에는 여전히 고려 왕조에 미련을 품고 살아가는 사람들이 많았거든. 그래서 조선 건국 세력은 한반도 중앙에 자리 잡은 한양, 바로 지금의 서울에 새 도읍을 정했단다.

【새 도읍지 한양】

나라 이름을 정한 태조 이성계와 신하들은 다시 고민에 빠졌어. 고려의 도읍이었던 개경은 조선 건국을 반대하는 고려의 신하들이 많은 피를 흘린 곳이고, 고려 귀족들의 흔적이 곳곳에 남아 있었어. 또 고려 말부터 개경 땅은 이미 기운이 다했다는 말이 떠돌기도 했거든.

태조 이성계는 개경을 떠나 새 도읍지에서 새로운 나라 조선의 모습을 만들고 싶었어. 그래서 후보에 오른 지역을 직접 둘러보며 새 도읍지로 알맞은 곳을 찾았지.

처음에는 충청남도에 있는 계룡산 일대가 후보지로 떠올라 도읍지 건설 계획을 진행시켰어. 그런데 막상 현장에 가 보니, 주변이 막혀 있고 비좁아서 도읍지로 적당하지 않은 거야. 게다가 경기 관찰사 하륜이 계룡산 일대는 지리적으로 남쪽에 치우친 데다 풍수학적으로도 불길하다는 상소를 올렸어. 이성계는 곧 계룡산 일대에 도읍을 세우는 일을 중단하고 정도전 등에게 다른 곳을 찾아보라고 했어. 그리하여 이듬해에 지금의 서울 성곽 안

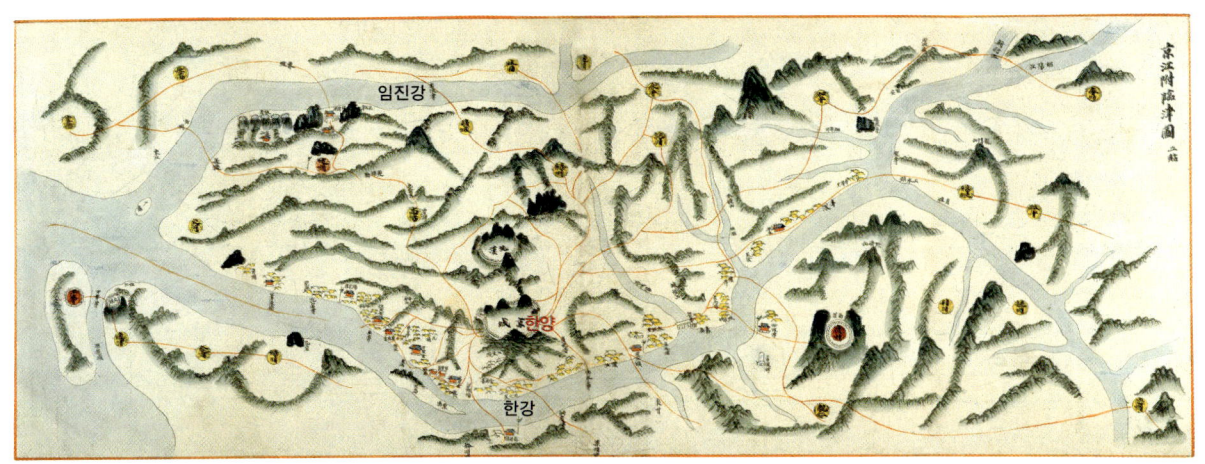

경강부임진도 한강과 임진강 사이의 지역을 그린 조선 후기의 지도이다. 경강은 한강 일대를 이르던 말로, 뱃길이 편리해 한양으로 오는 세곡(나라에 세금으로 바치는 곡식)과 물자 따위가 활발하게 운송되었다.

을 중심으로 하는 한양을 새 도읍지로 정하게 되었단다.

한반도 중앙에 자리 잡은 한양은 500년 동안 백제의 수도였으며, 고려 시대에도 남경이라 하여 수도에 버금가는 기능을 한 곳이었어. 특히 남쪽에 한반도를 가로지르는 한강을 끼고 있어서 교통이 매우 편리할 뿐만 아니라, 주변을 북악산, 인왕산 같은 높은 산들이 둘러싸고 있어서 외적을 막기에도 아주 유리한 지역이었지. 뱃길이 편리해 나라 세금을 쉽게 거둘 수 있는 장점도 있었어.

한양을 도읍지로 정하게 된 데에는 이런 이야기도 전해 온단다.

태조 이성계의 스승인 무학 대사가 도읍지를 찾아 달라는 이성계의 부탁을 받고 여기저기 돌아보다가 한강을 건너게 되었어. 강을 건너니 넓은 들이 한눈에 들어오는 거야. 무학 대사는 무릎을 탁 쳤어. 땅이 넓고 강이 흘러 새 도읍지로 안성맞춤이라고 생각한 거지.

그런데 그때 밭을 갈던 한 노인이 소를 채찍질하면서 이러는 거야.

"이놈의 소, 왜 바른길로 가지 않고 굳이 굽은 길로 돌아서 가는 게냐! 쯧쯧, 미련하기가 꼭 무학 같구나."

무학 대사는 깜짝 놀라 노인에게 그 말이 무슨 뜻인지 물었어.

"요즘 무학이 새 도읍지를 찾아다니는 모양인데, 좋은 곳 놔두고 엉뚱한 곳만 찾아다니니 이 미련한 소하고 다를 게 뭐요."

노인의 말에 무학 대사는 이곳보다 더 좋은 도읍지가 있으면 일러 달라고 간청했어. 그러자 노인은 "여기서 서쪽으로 10리를 더 가 보면 알 것이오." 했어. 무학 대사가 서쪽으로 10리를 더 가 보니, 과연 지금의 경복궁 터가 나오더래. 그래서 무학 대사가 노인을 만났던 곳을 훗날 '왕십리'라고 불렀다는구나.

【 유교 국가에 걸맞은 궁궐과 종묘, 사직을 정비하다 】

태조를 비롯한 조선의 왕과 관리들은 조선의 수도 한양을 계획적으로 만들어 갔어. 태조는 도읍지 한양 건설을 맡아 볼 임시 관청을 두고 정도전에게 총책임을 맡겼어. 정도전은 한양을 유교 이념을 실현하기 위한 도시로 설계하고 만들어 나갔지.

그런데 이성계는 아직 기초 공사도 끝나지 않은 한양으로 서둘러 도읍을 옮겼어. 그만큼 하루라도 빨리 고려의 그늘인 개경을 벗어나고 싶었던 거야. 이성계는 임시 숙소에 머무르며 몸소 공사를 지시하는 등 열의가 대단했다고 해.

종묘 정전 조선의 왕과 왕비들의 위패를 모셔 놓고 제사를 지내던 조선 왕실 사당이다. 국보 227호.

한양으로 옮긴 지 1년 만에 드디어 새 궁궐이 완성되자, 이성계는 정도전에게 새 궁궐과 궁궐에 딸린 여러 건물의 이름을 지으라고 명했어. 정도전은 유교 경전인 『시경』의 한 구절을 인용하여 '큰 은덕으로 배가 부르니 군자께서는 만년토록 큰 복(景福)을 누리리라.'는 뜻으로 궁궐 이름을 경복궁이라 지었어. 나라의 큰 행사를 치르거나 왕이 신하들과 조회를 하는 근정전, 왕이 머물면서 나랏일을 보는 사정전, 왕이 잠을 자고 생활하는 강녕전도 정도전이 지은 이름이란다.

경복궁이 완성된 날 종묘와 사직도 완성되었어. 경복궁 왼쪽에는 조선의 왕과 왕비들의 혼이 담긴 위패를 모시고 제사를 지낼 종묘를 세우고, 오른쪽에는 토지 신과 곡식 신에게 제사를 지낼 사직단을 배치했지. 종묘와 사직을 이렇게 배치한 것은 유교 이념에 따른 거야.

종묘와 사직은 유교 이념을 대표하는 국가적인 제사 시설이기 때문에 그 자체가 곧 국가나 정부를 뜻할 정도로 아주 중요해. 새 왕조는 이렇게 함으로써 효를 다해 조상을 섬기고 농사를 권장하는 것이 바로 유교의 나라 조선의 밑바탕이라는 뜻을 널리 알렸단다.

사직단 토지의 신인 '사'와 곡식의 신인 '직'에게 제사를 지내던 단이다. 토지 신에게 제사하는 국사단은 동쪽에, 곡식 신에게 제사하는 국직단은 서쪽에 배치했다.

《경복궁》

경복궁은 크게 왕이 나랏일을 보는 근정전, 사정전 등의 외전과 왕을 비롯한 왕실 가족의 생활 공간인 강녕전, 교태전 등의 내전, 그리고 왕실 가족의 휴식 공간인 후원으로 이루어져 있다.

사정전 왕이 신하들과 의견을 나누거나 함께 공부하며 대부분의 하루 일과를 보내던 곳. 깊이 생각하여 바른 정치를 펼치라는 뜻에서 '사정전'이라 이름 붙였다. 보물 1759호.

강녕전 왕이 자고 먹고 쉬는 등 일상생활을 하던 침전. '강녕'은 왕이 건강하고 마음을 바르게 하여 덕을 쌓으면 백성이 편안해진다는 뜻이다.

근정전 경복궁에서 가장 중심이 되는 정전. 왕과 신하들이 회의를 하거나 나라의 큰 행사를 치렀다. '근정'은 임금과 신하들이 부지런히 나라를 다스려야 한다는 뜻이다. 국보 223호.

수정전 세종 때 집현전으로 쓰던 건물. 집현전에서는 학문을 연구하고 각종 책을 편찬했다. 보물 1760호.

영춘문

아미산 굴뚝 아미산은 교태전 뒤쪽에 만든 인공 동산이다. 교태전의 구들과 연결된 아미산 굴뚝에는 아름다운 그림과 문양이 새겨져 있다. 보물 811호.

광화문 경복궁의 정문. 광화문 앞 큰길 좌우에는 의정부와 6조 등 주요 관청이 늘어서 있었다.

광화문

교태전 왕비가 생활하던 침전. 교태전의 담장을 글자 모양과 꽃 문양으로 화려하게 꾸몄다.

【 도성과 시가지를 조성하다 】

궁궐과 종묘, 사직이 완성되자 한양을 방어하기 위한 성곽을 쌓았어. 도성을 드나들 수 있는 큰 문 네 개(4대문)와 작은 문 네 개(4소문)도 내었지. 4대문의 이름은 동서남북 방위에 따라 동쪽을 흥인지문(오늘날의 동대문), 서쪽을 돈의문(서대문), 남쪽을 숭례문(남대문), 북쪽을 소지문 또는 숙정문(북대문)이라고 지었어. 이 또한 유교에서 사람이 마땅히 갖추어야 할 네 가지 성품인 인의예지(仁義禮智), 곧 어질고 의롭고 예의 바르고 지혜로운 덕목을 담은 이름이었지. 종묘와 사직단, 그리고 4대문에는 이처럼 조선을 세운 사람들의 유교 이념이 그대로 담겨 있단다.

경복궁의 정문인 광화문 앞으로는 큰길을 내고 길 양쪽에 의정부를 비롯한 주요 관청을 세웠어. 이 무렵에는 이곳을 '6조 거리'라고 불렀지. 6조란 이조·호조·예조·병조·형조·공조를 말하는데, 오늘날의 행정안전부·기획재정부·문화체육관광부·국방부·법무부·국토해양부와 같은 정부 기구라고 보면 돼.

정도전은 6조 거리를 보며 감회에 젖어 시를 읊었어.

"즐비한 관아가 마주 보고 우뚝 서서 마치 별들이 북두칠성을 둘러싼 듯하구나. 달 밝은 새벽 관청 거리는 물같이 고요한데, 말 구슬 소리 들려와도 먼지 하나 일지 않누나!"

어때, 잘 정비된 6조 거리의 모습이 떠오르지 않니?

숭례문 조선 시대 한양을 둘러쌌던 성곽의 정문이다. 한양 도성의 남쪽에 있다고 해서 남대문이라고도 부른다. 2008년 2월 방화 사건으로 2층 누각이 불에 타 버려 5년여 만에 복원했다. 국보 1호.

도성도 태조 이성계의 명을 받은 정도전은 한양에 궁궐과 종묘, 사직단, 수묘 관청, 도로 등을 건설하고 유교 국가에 걸맞은 이름을 지어 붙였다. 한양은 태조 이후에도 여러 왕이 만들어 갔다. 보물 1560호.

    조선 조정에서는 한양으로 사람들이 모여들자, 주요 길목에 쌀이나 생활용품을 사고파는 시장을 열게 했어. 소나 말을 사고파는 시장은 청계천 개천가에 열었어.

    그런데 시간이 흘러 도시가 발달하고 상업이 번성하면서 더 큰 시장이 필요해졌어. 태종은 지금의 종로 큰길가를 따라 상점을 짓고 '육의전'이라는 큰 시장을 열게 했지. 육의전은 비단, 무명, 명주, 종이, 모시, 생선 등 왕실과 관청에서 필요한 여섯 가지 물건을 주로 거래하는 큰 상점들이었어. 육의전이 늘어선 이 거리를 '운종가'라고 불렀지.

    인구가 점점 늘어나고 조선 곳곳의 생산물이 한양으로 모여들면서 한양은 점점 더 활발한 모습을 띠게 된단다.

키워드 03   조선의 궁궐

왕과 왕실 가족이 사는 곳

조선의 도읍지 한양에서 가장 중요한 곳은 어디일까? 바로 임금이 사는 궁궐이야. 궁궐은 임금의 집인 동시에 나라를 다스리는 사무실 역할도 하는 곳이지. 그렇기 때문에 임금과 왕실 가족의 생활을 돌보는 시설뿐 아니라 나라를 다스리는 데 필요한 여러 관청이 궁궐 안에 있었어. 궁궐은 하나의 작은 도시라고 할 수 있는 곳이란다.

【 궁궐의 주인들 】

왕이 머무르는 궁궐 가운데 가장 기본이 되는 궁궐을 법궁 또는 정궁이라고 해. 조선을 건국한 태조 이성계가 정성을 다해 지은 경복궁이 바로 법궁이야. 그러나 경복궁이 임진왜란 때 불타 없어져서 흥선 대원군이 다시 지을 때까지는 창덕궁이 법궁 역할을 대신했어. 그 밖에도 창경궁·덕수궁·경희궁이 있는데, 이 궁궐들을 조선의 5대 궁궐이라고 한단다. 이렇게 궁궐이 많

경복궁   지금까지 남아 있는 조선 시대 5개 궁궐 중에서 으뜸이 되는 법궁이다.

은 까닭은 궁궐에 좋지 않은 일이 생기거나, 왕이 나라를 운영하면서 분위기를 바꾸고 싶을 때면 다른 궁으로 옮겨 다녔기 때문이야.

조선 시대 왕의 권한은 지금의 대통령과는 비교도 안 될 정도로 막강했어. 오늘날에는 행정권·입법권·사법권의 삼권이 분리되어 대통령이 행정권만 행사하지만, 조선의 왕은 삼권 말고도 군사권까지 손에 쥐고 모든 권력을 행사하는 사람이었어. 그런 만큼 왕은 해야 할 일이 정말 많았어. 왕을 보좌하는 사람들도 많았지.

1. **덕수궁** 본래는 임금이 임시로 사용하던 행궁이었지만, 임진왜란 때 경복궁이 불타자 피란에서 돌아온 선조가 보수해 궁궐로 삼았다.

2. **경희궁** 법궁의 기능을 보완하는 궁궐로, 도성의 서쪽에 있다 하여 서궐이라고도 불렀다. 조선 후기에는 영조를 비롯한 여러 왕이 이곳에서 나랏일을 보기도 했다.

3. **동궐도** 창덕궁과 창경궁을 그린 조선 후기 그림이다. 창덕궁과 창경궁은 도성의 동쪽에 있다 하여 동궐이라 불렀다. 왼쪽이 창덕궁이고, 오른쪽이 창경궁이다. 국보 249호.

일월오봉도 병풍 다섯 봉우리와 해, 달, 소나무, 물을 그려 넣어 왕이 앉는 자리인 어좌의 뒤편을 장식한 병풍이다. 해와 달은 음양을 상징하고 다섯 봉우리는 오행을 상징하여 천지만물을 다스리는 왕의 권위를 나타낸다.

경복궁 근정전 내부 2개 층을 터서 높고 웅장한 공간을 만들고 그 가운데에 어좌를 놓았다. 어좌 뒤에는 일월오봉도 병풍을 둘렀다.

왕은 해가 뜨기 전에 일어나 하루 일과를 시작해야 했단다. 잠자리에서 일어난 왕은 먼저 평상복 차림인 익선관과 곤룡포를 갖추어 입고 대비나 왕대비 등 왕실의 어른에게 문안 인사를 드렸어.

그다음엔 아침 일찍부터 신하들과 학문과 나랏일을 토론하는 '경연'으로 공식 일과를 시작했어. 경연은 아침, 점심, 저녁 세 차례나 해야 해. 심할 때는 밤에도 경연을 했어. 아침 경연이 끝나야 비로소 아침밥을 먹을 수 있었지.

점심 식사 전까지는 조회를 열어 신하들에게서 업무 보고를 받아. 점심 식사 후에는 점심 경연을 하고, 지방으로 파견되어 나가는 관리나 지방에서 임기가 끝나 중앙으로 돌아온 관리를 만나 백성의 사정을 듣기도 하지.

그런 다음 밤중에 대궐을 호위하는 병사들의 명단을 확인하고 암호를 정

왕의 평상복 왕은 즉위식이나 혼례식을 치를 때, 종묘에 제사를 지낼 때, 군대를 움직일 때 등 때와 장소에 따라 다른 옷을 입었다. 평상시에는 집무복으로 머리에 익선관을 쓰고 곤룡포를 입었다.

해 줘. 그러고는 숨 돌릴 틈도 없이 바로 이어지는 저녁 경연에 참석해. 경연이 끝나면 저녁을 먹고, 낮 동안 끝내지 못한 일을 처리했어. 왕은 이런 일상적인 업무 말고도 나라에 중요한 일이 생기면 일일이 챙겨야 하고, 관리들이 올리는 상소문도 읽어 보고 처리해야 했어. 그러다 보니 몸이 열 개라도 모자랄 지경이었지.

휴식 시간에는 사냥이나 활쏘기를 하며 바람을 쐬기도 했지만, 우리가 생각하는 것보다 훨씬 많은 일을 하는 사람이 조선의 왕이었단다. 세종 같은 왕은 일을 얼마나 많이 했는지 이런저런 질병에 시달리기도 했다는구나.

왕이 나랏일을 보느라 이렇게 바쁘게 보내는 동안 왕비는 무얼 했을까? 왕비는 외명부와 내명부를 통솔해야 했어. 외명부는 왕과 왕세자의 딸, 왕의 친족, 그리고 문관과 무관의 부인들을 이르는 말이야. 내명부에는 왕의 후궁들을 비롯하여 이들을 돌보는 궁녀들이 있었지.

왕비는 궁궐 안에서 살기 때문에 궁궐 안의 여성들인 내명부를 이끄는 데 특히 힘을 기울였어. 수백 명이나 되는 내명부의 기강을 바로잡기 위해 왕비는 위엄을 보이기도 하고 때로는 화를 내며 벌을 내리기도 했단다.

왕비의 가장 큰 역할은 다음 왕위를 이을 왕자를 낳는 일이었어. 조선 같은 왕조 국가에서 대를 이을 왕자가 없다면 서로 왕이 되려고 다툴 거야. 그러면 정치적으로 큰 혼란에 빠지겠지? 그래서 왕자를 낳는 일은 왕실의 안녕을 위해 가장 중요한 일이었어.

왕비는 왕이었던 남편이 죽으면 대비가 되어 왕실의 큰 어른으로 섬김을 받기도 했어. 새 왕이 나이가 어려 나랏일을 제대로 보살필 수 없을 때는 왕 대신 대비가 나랏일을 결정하기도 했는데, 이를 '수렴청정'이라고 해. 수렴청정을 할 때는 신하들에게 얼굴이 보이지 않도록 발을 내리고 그 뒤에 앉아 정치를 했어.

왕자들 가운데 다음 왕위를 이을 왕자는 세자로 책봉되어 동궁에서 살았어. 세자가 사는 곳이 왕의 거처 동쪽에 있다 하여 동궁이라고 한 거야. 그래서 왕세자를 '동궁 마마'라고도 불렀단다.

세자의 아침은 웃어른께 문안 인사를 드리는 것으로 시작해. 문안을 다녀오면 아침 식사를 하고 아침 수업을 받아. 왕세자는 하루에 세 번 수업을 받았어. 때에 따라서는 야간 보충 수업까지 받았지.

공부를 시작하기 전에는 늘 전날에 배운 것을 시험받아야 했어. 그리고 한 달에 두 번씩은 꼭 20명이나 되는 스승들 앞에서 그동안

교태전 왕비는 교태전에 거처하며 내명부를 다스렸다.
'교태'는 부부가 만나 아이를 잘 낳기를 바란다는 뜻이다.

왕세자의 시험 장면 한 달에 두 번씩 왕세자의 스승과 세자시강원 관원들이 참석해서 왕세자가 그동안 공부한 내용을 종합적으로 평가했다. 책이 놓여 있는 빈자리가 왕세자의 자리인데, 조선 시대의 왕실 의식을 그린 그림에는 왕은 물론 왕세자를 절대 그려 넣지 않았다.

배운 내용을 시험 봐야 했지. 그래서 왕세자는 공부하는 데 하루의 대부분을 보내야 했어. 학문을 닦는 것뿐만 아니라 활쏘기, 말타기, 서예 등도 익혀야 했단다. 조선 시대에는 왕의 권한이 매우 컸기 때문에 그 힘을 잘 사용하라는 뜻에서 왕세자가 왕의 자질을 충분히 쌓을 수 있도록 엄격한 교육을 받아야 했던 거야.

세자가 아닌 왕자와 공주들은 결혼하면 궁 밖으로 나가서 살았어. 궁궐에는 다음 왕이 될 세자만 살 수 있었던 거지. 궁 밖에 사는 왕자와 공주의 남편은 벼슬을 할 수 없었어. 대신 집을 비롯하여 생활에 필요한 경비는 나라에서 주었단다.

궁중에서 공주가 사용하던 노리개

【 궁궐 안의 사무실, 궐내각사 】

궁궐 안에는 궁궐 밖으로 나가기 힘든 왕이 업무를 보는 데 불편함이 없도록 여러 관청이 있었어. 이 관청들을 통틀어 '궐내각사'라고 해. 의정부를 비롯한 6조는 궐 밖에 있어서 '궐외각사'라고 부르지.

조선의 기틀을 다지다 35

궐내각사 중에는 정치와 행정 업무를 담당하는 기관들이 있었어. 가장 대표적인 기관은 승정원이야. 승정원은 오늘날로 치면 대통령 비서실 같은 곳인데, 승지 여섯 명이 6조를 하나씩 맡아 일상적인 업무를 왕에게 보고하고, 왕의 명령을 6조에 전달했단다.

또 영의정·좌의정·우의정 삼정승이 모여 나랏일을 의논하는 빈청이 있었어. 대청에서는 사헌부와 사간원 관리들이 정책이 옳고 그른지를 논의했지. 이 밖에도 왕실 도서관인 홍문관, 역사를 기록하는 춘추관, 세자의 교육을 담당하는 세자시강원 등이 있었어.

왕실을 지원하고 궁궐을 유지하는 기관으로는 사옹원, 내의원, 상서원, 상의원, 내사복 등이 있었어. 사옹원에서는 왕과 왕실 음식, 나라 행사 때 필요한 음식 등을 담당했지. 우리가 흔히 알고 있는 수라간을 관리한 곳이 바로 사옹원이란다. 내의원은 궁궐 안에 있는 왕실 병원으로, 왕과 왕실 가족의 건강을 보살피던 곳이야. 조선의 명의로 이름을 떨친 허준도 내의원 출신이었지.

이 밖에 왕의 도장인 옥새와 관리에게 지급하는 마패를 관리하는 상서원, 왕과 왕비의 옷을 비롯해 왕실의 재산을 관리하는 상의원, 왕이 타는 말과 가마, 마구간을 관리하는 내사복 같은 기관이 있었어.

이처럼 궁궐에는 왕의 업무를 위한 기관을 비롯해 왕실 사람들을 위한 여러 기관이 있었어. 왕은 이런 기관들을 통해 조선을 다스렸단다.

임금의 가마 조선 시대 임금이 가장 많이 타던 가마이다. 가까운 거리나 궁궐 안에서 행차할 때 사용했다.

【 궁궐을 움직이는 사람들 】

왕의 가족이 머물고 많은 사람들이 드나드는 궁궐에는 왕실 가족을 보살피면서 크고 작은 일을 할 일손이 많이 필요했어. 궁궐에서 이런 일을 맡아 했던 사람이 내시와 궁녀들이었지.

매우틀 조선 시대에 왕과 왕비가 사용하던 이동식 변기이다. 왕의 대변을 궁궐 말로 '매우'라 했는데, 궁녀가 매우틀 속에 잘게 썬 여물을 덮어서 가지고 가면 그 위에 대변을 보았다. 복이 나인이라는 궁녀가 매우틀을 담당했다.

내시들은 왕의 명령을 전달하거나 궁궐의 음식, 청소 따위를 감독하는 등 궁궐 살림을 맡아 보았어. 이들은 출퇴근을 하며 번갈아 궁궐 일을 보았어. 내시 중에는 가정을 이루고 자식을 입양하는 사람도 있었어. 임금을 바로 옆에서 모시는 상선 내시처럼 직책이 높은 내시는 일반 관리들과 마찬가지로 말을 타고 다녔단다.

궁녀들은 음식을 만들고, 옷을 짓고, 빨래를 하고, 청소를 하는 등 왕실 가족의 생활에 필요한 모든 일을 했어. 어린 나이에 궁궐에 들어가 교육을 받고 궁녀가 되어 한평생을 왕과 왕실 시중을 들며 궁궐에서 살아야 했지. 일이 있을 때는 궁궐을 잠깐 나가기도 했지만 보통 때는 궁궐에서 먹고 자야 했어. 이들은 늙고 병들어야 비로소 궁궐을 나올 수 있었어.

내시와 궁녀는 나라에서 주는 월급을 받았어. 요즈음으로 치면 전문직 공무원인 셈이야. 이들 가운데 왕이나 왕비를 가까이 모시는 임무를 맡은 사람은 양반 관리의 벼슬과 맞먹는 지위까지 오를 수 있었단다.

또한 궁궐에는 왕과 왕실 사람들의 안전을 책임지는 군사들이 있었어. 약 2천 명의 군사들이 궁궐을 지켰다고 하니, 궁궐을 위해 움직이는 사람들 중에 가장 많은 사람들이 군인이었던 셈이지.

키워드 04   태종

땅끝까지 왕의 뜻을 전하라

고려의 충신 정몽주를 제거하는 등 조선 건국에 결정적인 역할을 한 이방원은 왕권이 강한 나라를 만들고 싶었어. 그러나 조선 건국의 또 다른 주역인 정도전은 신권 정치를 주장했지. 결국 이방원은 왕자의 난을 일으켜 정도전을 죽이고 왕위에 올랐어. 그가 바로 조선의 세 번째 왕 태종이란다. 태종은 강력한 왕권을 바탕으로 새 나라 조선의 기틀을 세워 나갔어.

【 왕자의 난으로 왕위에 오르다 】

태조는 건국 직후 자신을 도와 조선을 세우는 데 공을 세운 신하들을 개국 공신으로 책봉했어. 그런데 정몽주를 죽이면서까지 태조를 도왔던 이방원은 공신 명단에 오르지 못했어. 방원은 자기야말로 조선 건국에 큰 공을 세운 사람이라고 생각했기 때문에 당연히 화가 났지. 하지만 방원은 아버지 태조의 결정이 정도전, 조준 같은 신하들의 뜻에 따른 거라 여기고, 아직은 나설 때가 아니라고 판단해서 흥분을 가라앉혔어.

  정도전과 이방원은 조선을 세울 때 한마음 한뜻으로 태조를 도왔지만, 건국 후에는 껄끄러운 사이가 되었어. 방원은 아버지 태조가 정도전을 절대적으로 믿는 나머지 그의 말에 휘둘리는 것 같아 정도전을 경계했고, 정도전은 방원의 성격이 너무 강한 데다 능력과 야심을 가진 인물이라는 것을 꿰뚫어 보고 방원을 견제했어. 두 사람은 조선의 통치 방향을 놓고도 서로 뜻이 달랐어. 정도전은 재상이 중심이 되어 신하들이 나라를 이끌어 가는 신권 중심 정치를 주장했고, 방원은 강력한 왕권 중심 국가를 꿈꾸었지.

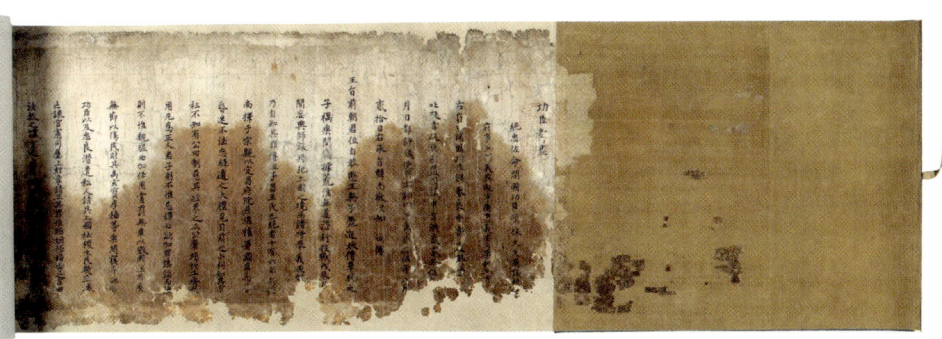

이화 개국 공신 녹권 태조 이성계는 즉위 후 조선 개국에 공을 세운 52명을 개국 공신으로 책봉했다. 개국 공신들에게는 토지와 노비를 내리고 여러 가지 특혜를 주었다. 이화 개국 공신 녹권은 이성계의 이복동생 이화를 일등 공신에 임명하는 증서이다. 국보 232호.

그런데 방원을 자극하는 일이 잇달아 터졌어. 정도전이 태조의 둘째 부인 신덕 왕후와 손잡고 신덕 왕후가 낳은 막내아들 방석을 왕세자 자리에 올리려고 한 거야. 태조의 첫째 부인은 조선이 세워지기 전에 세상을 떠나서 이 무렵에는 둘째 부인 신덕 왕후가 계비로 있었지. 정도전은 이미 권력의 맛을 본 방원 형제보다 때 묻지 않은 어린 방석을 세자로 세우는 편이 낫겠다고 생각했어. 무엇보다 신권 중심 정치를 펴는 데는 야심만만한 방원보다 어린 방석이 더 유리하다고 여겼지. 정도전은 방석의 스승이기도 했어.

하지만 방원은 자신의 친어머니이자 태조의 첫째 부인인 신의 왕후가 낳은 6명의 아들을 제치고 둘째 부인이 낳은 이복동생 방석이 세자가 되는 것을 도저히 용납할 수 없었어.

'첫째 부인의 아들들이 이렇게 멀쩡히 살아 있는데 어찌 둘째 부인의 소생을, 그것도 막내아들을 세자로 삼을 수 있단 말인가?'

그러나 방원을 비웃기라도 하듯 열한 살의 방석이 결국 세자가 되었어. 게다가 정도전이 왕자들을 포함하여 개인이 거느린 병사들을 없애려고 하는 바람에 방원을 비롯한 왕자들은 크게 당황했어. 왕자들이 거느린 사병은 조선을 세울 때 큰 역할을 했고, 왕자들은 그 사병을 바탕으로 자신의 힘을

조선의 기틀을 다지다

정릉 태조는 사랑하던 계비 강씨가 죽자 신덕 왕후라는 존호를 내리고, 궁궐에서 잘 보이는 곳에 무덤을 만들어 정릉이라 했다. 그러나 태조가 죽자 태종은 신덕 왕후에 대한 분풀이로 정릉을 여러 차례 옮기게 했다. 심지어는 청계천의 광통교가 홍수에 무너지자 신덕 왕후의 무덤에 쓰였던 병풍석을 광통교를 보수하는 데 써서 온 백성이 이 돌다리를 밟고 지나가게 했다고 한다. 지금의 정릉은 조선 후기 현종 때 복구한 것이다.

광통교를 보수하는 데 사용한 정릉의 병풍석

키워 갈 수 있었거든. 정도전도 그 점을 잘 알고 있기에 사병을 폐지해 왕자들의 군사 기반을 없애려고 했던 거야.

방원과 형제들은 사병을 내주고 나면 언제 정도전에게 당할지 모른다고 생각했어. 그러던 참에 방원에게 기회가 왔어. 태조가 아끼던 계비 신덕 왕후가 병으로 세상을 떠난 지 2년 만에 태조마저 병이 들어 앓아눕게 된 거야. 방원은 그 틈을 놓치지 않고 자신의 병사들을 동원해 정도전, 남은, 심효생 등을 죽였어. 세자인 방석과 방석의 친형 방번은 유배를 보낸 뒤 바로 죽여 버렸지. 이 사건을 '1차 왕자의 난' 또는 '방원의 난'이라고 해.

이방원과 정도전의 갈등은 이방원의 승리로 끝났지만, 이것은 단순한 개인의 승리가 아니라 정도전이 주장한 신권 중심주의가 이방원이 구상한 왕권 중심주의에 패배했다는 것을 뜻해.

1차 왕자의 난 이후 방원은 강력한 권력자로 떠올랐어. 자연히 신하들은 태조에게 방원을 세자로 삼으라고 청했지. 하지만 방원은 아직은 나설 때가 아니라고 생각해 세자 자리를 사양했어. 첫째 아들 방우는 이미 죽었기 때문에 방원 대신 세자가 된 사람은 태조의 둘째 아들 방과였어. 그가 바로 조선의 2대 임금 정종이야. 하지만 정종은 이름뿐인 왕이었어. 동생의 힘으로 왕이 되었으니 그럴 수밖에 없었지.

그런데 태조의 아들인 왕자들 사이에 또다시 피를 부르는 다툼이 일어났어. 태조의 넷째 아들 방간이 왕 자리를 욕심내면서 방원과 방간 사이에 사병을 거느린 싸움이 벌어진 거야. 이 사건을 '2차 왕자의 난'이라고 하는데, 여기에서도 방원이 승리했지.

이제 방원 앞에는 더 이상 거칠 게 없었어. 세자로 책봉된 방원은 개인이 군사를 가지고 있으면 자신이 그랬던 것처럼 왕권을 위협하는 반란이 일어날 수 있다고 생각해 사병 철폐를 단행했어. 방원의 힘이 워낙 커져 있어서 사병 철폐를 드러내 놓고 반대하는 사람은 없었어. 이제 방원은 자신이 왕위에 올라도 될 때가 왔다고 판단했어. 그리하여 세자가 된 지 열 달 만인 1400년 왕위에 올라 조선의 3대 임금 태종이 되었지. 왕위에서 물러난 정종은 상왕이 되었고, 상왕이었던 태조는 태상왕이 되었단다.

함흥 본궁과 함흥차사 이야기
두 차례나 벌어진 왕자의 난으로 화가 난 태조는 한양 궁궐을 떠나 이리저리 옮겨 다니며 지냈다. 태종은 아버지가 마음을 풀고 돌아오기를 바라며 계속해서 차사(임금이 파견한 사신)를 보냈는데, 태조가 번번이 거처를 옮기는 바람에 차사들이 허탕을 치는 때가 많았다. 태조가 고향인 함흥의 본궁으로 가서 머물 때도 태종은 무학 대사를 비롯해 많은 사람들을 차사로 보냈고, 이들의 설득 끝에 결국 태조는 한양으로 돌아왔다. 이때 태종이 함흥으로 보낸 차사들이 쉬이 돌아오지 않아 생긴 말이 바로 '함흥차사'이다. 이후 사람들은 심부름을 가서 돌아오지 않거나 늦게 온 사람을 일컬어 함흥차사라 했다.

【왕권 중심 국가의 기틀을 잡다】

태종은 왕위에 오르기 전부터 사병 철폐를 비롯하여 여러 가지 왕권 강화 정책을 펼쳤어. 고려 시대의 최고 행정 기관이었던 도평의사사를 대신하여 의정부를 만들고, 도평의사사가 쥐고 있던 군사권을 빼앗았어. 또 왕의 명령을 전달하거나 군사 업무를 담당하던 중추원의 이름을 삼군부로 고치고 삼군부에 근무하는 사람은 의정부에 들어가지 못하게 했어. 정치와 군사를 분리하고 왕의 권한을 강화하고자 한 거야.

의정부는 조선의 최고 행정 기관으로, 영의정·좌의정·우의정 삼정승이 모여 나랏일을 의논하는 회의 기구야. 오늘날로 치면 국무회의와 비슷하다고 할 수 있지. 의정부는 나라의 관리들을 대표하는 정승들의 회의 기구인 만큼 신하들의 권한, 곧 신권을 대변하는 대표적인 기구라고 볼 수 있어.

의정부 아래에 있는 6조는 여러 방면으로 나라의 정책을 세우고 실질적인 행정 업무를 맡아 보는 기관이야. 오늘날의 행정안전부(이조), 기획재정부(호조), 외교부·문화체육관광부(예조), 국방부(병조), 법무부(형조), 국토해양부·건설교통부(공조) 등과 하는 일이 비슷하다고 할 수 있지. 6조의 판서(장관)들이 의정부의 삼정승에게 나랏일을 보고하면, 삼정승이 의논하여 합의된 내용을 왕에게 올렸어. 이런 체제를 '의정부 서사제'라고 해.

판서 행차
판서는 종2품 이상의 높은 관리만이 탈 수 있는 가마(초헌)를 타고 다녔다.

태종은 왕위에 오른 뒤 의정부의 삼정승만 참석했던 회의에 6조 판서들도 참석하게 하여, 의정부의 역할은 점차 줄이는 대신 6조에서 나랏일을 더 많이 처리할 수 있게 했어. 나중에는 아예 의정부 서사제를 폐지하고 '6조 직계제'로 조직을 개편했지. 6조의 판서들이 의정부를 거치지 않고 왕에게 직접 나랏일을 보고하고, 왕의 명령을 바로 집행하게 한 거야. 의정부에서 나랏일을 의논하고 결정하던 권한이 6조로 넘어가면서 의정부는 왕이 어떤 정책에 대해 궁금한 것을 물어보거나 조언을 구하는 자문 기관이 되었어. 신하들의 권한이 약해진 거지.

태종은 6조를 직접 통솔함으로써 의정부를 견제하는 동시에 더욱 강력한 왕권을 갖게 되었어. 태종은 의정부와 6조의 힘을 적절히 이용하여 왕을 중심으로 하는 중앙의 힘이 지방까지 미치는 중앙 집권 국가를 만들고자 했어. 곧 나라의 권력이 중앙에 집중되고, 중앙에서는 왕을 중심으로 모든 일을 진행하며, 왕의 뜻이 조선의 땅 끝까지 전달되게 하는 거지.

태종은 이를 위해 전국 방방곡곡에 관리를 파견하기로 했어. 고려 시대에는 중앙의 힘이 약해 행정적으로나 군사적으로 중요한 지방에만 관리를 파견했거든. 그러다 보니 왕의 명령이 지방 곳곳까지 널리 미치지 못했지. 하지만 태종의 노력 덕분에 조선은 고려 때보다 훨씬 많은 지방에 관리를 파견하여 더욱 안정적인 정치를 펼쳐 나갈 수 있게 된단다.

정승 행차
정승은 조선 시대 최고의 벼슬자리로, 1품만이 탈 수 있는 평교자를 타고 행차했다.

조선의 기틀을 다지다

호패 왕족부터 노비에 이르기까지 16세 이상의 남자라면 누구나 차고 다녀야 했던 신분 증표이다. 신분과 관직에 따라 상아, 뿔, 나무 등으로 만들었다. 관리의 호패에는 이름과 관직 등을 새겼고, 노비의 호패에는 주인의 이름과 본인의 나이, 생김새까지 자세히 새겨 넣었다.

태종은 또 일할 수 있고 세금을 낼 수 있는 인구를 파악하기 위해 16세 이상의 남자들에게 호패를 차고 다니게 하는 호패법을 실시했어. 호패는 오늘날의 주민등록증과 비슷한 신분증인데, 인구 조사를 통해 세금을 정확하게 걷어 나라 살림에 필요한 재정을 마련하려고 한 거야.

태종은 궁궐 안에 커다란 북을 설치해 억울한 일을 당한 백성이 직접 와서 치게 하는 신문고를 만들었어. 백성들의 여론을 직접 듣기 위해서였지. 하지만 궁궐 안에 있는 신문고를 일반 백성이 치기란 어려운 일이었어. 결국 궁궐을 드나들 수 있는 관리나 이들의 친척들만 이용했기 때문에 효과적으로 실시되지 않았단다.

【 후손을 위해서라면 기꺼이 악역을 맡으리라 】

태종은 강력한 왕권을 바탕으로 새 나라 조선의 기틀을 세워 나갔어. 이 과정에서 왕권에 위협이 될 만한 사람들도 무자비하게 제거했지. 태종은 자신이 왕위에 오르는 데 공을 세운 신하들의 힘이 커지면 그만큼 왕의 힘은 줄어든다는 사실을 잘 알고 있었어. 그래서 왕자의 난 때 공을 세운 일등 공신 이거이와 이제 부자, 이숙번을 귀양 보내는가 하면, 역시 일등 공신이자 왕비의 남동생인 민무구와 민무질 등 4형제를 처형했어. 이거이와 민씨 형제는 모두 왕실의 친척인 데다 공신에 책봉됨으로써 막강한 권력과 부를 자랑한 사람들이었지.

태종의 외척 제거 작업은 여기서 멈추지 않았어. 세종을 세자에 책봉하고 나서는 세자의 장인마저 제거했어. 외척을 죽이면서까지 강력한 왕권을 세우고자 하는 태종의 의지는 아무도 꺾을 수 없었지.

태종은 세종에게 왕위를 물려주고 나서 종종 이런 말을 했다고 해.

"모든 악업은 내가 지고 간다. 너는 태평성대를 열어 성군의 이름을 얻으라."

자신은 형제간에 피를 흘리며 권력을 잡았지만, 후대에는 안정된 바탕에서 조선을 잘 다스리기를 간절히 바라는 태종의 마음이 느껴지는 말이지.

왕위에 오르기 전에는 자신의 형제들을 죽이고, 두 차례나 벌어진 왕자의 난으로 화가 난 아버지 태조가 궁궐을 떠나 여기저기 떠돌아다니자 졸지에 부모를 내쫓은 불효자가 되었으며, 왕위에 오르고 나서는 외척까지 가차 없이 죽인 태종은 분명 도덕적인 면에서 비난받을 만해. 그렇지만 태종이 그토록 강력한 왕권으로 나라의 기틀을 세운 덕분에 세종 때 조선의 문화가 한껏 꽃필 수 있었다는 사실만은 부인할 수 없단다.

태종은 조선 역사상 살아 있으면서 스스로 왕위를 물려준 최초이자 마지막 왕이야. 대부분의 왕들은 죽은 뒤에 왕위를 물려주었고 더러는 쫓겨났거든. 살아 있는 동안 다음 왕에게 왕권을 넘겨주는 것은 쉬운 일이 아니었지. 하지만 태종은 세종에게 왕위를 물려주고 상왕으로 물러나 세종에게 든든한 버팀목이 되어 주었단다.

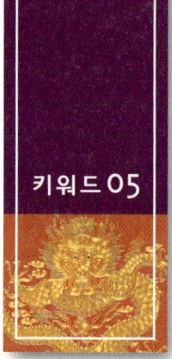

키워드 05   3사와 5위

나라 운영을 위한 제도를 갖추다

조선은 태종 이래 왕권과 신권이 서로 균형을 이루는 모습을 갖추어 나갔어. 의정부와 6조 말고도 여러 기관이 중앙과 지방에 설치되었지. 이 가운데는 임금을 보좌하거나 견제할 수 있는 기관들도 있었어. 지방에는 관리들을 보내 다스리게 하여 중앙의 힘이 지방까지 미치게 했어. 왕이 사는 한양과 군사적으로 중요한 지역에는 군대를 주둔시켜 지키게 했고. 이렇게 중앙과 지방의 통치 체제가 잘 갖추어지면서 조선은 더욱 안정적인 정치를 펼칠 수 있었단다.

【 3사와 경연으로 왕권을 견제하다 】

조선의 중앙 정치는 의정부와 6조를 중심으로 이루어졌어. 이 밖에도 왕의 명령을 전달하고 신하들의 의견을 왕에게 전달하는 승정원, 왕의 특명에 따라 큰 죄인을 다스리는 의금부, 한양의 행정과 치안을 담당하는 한성부, 역사서를 편찬하는 춘추관 등이 있었어.

왕은 의정부와 6조를 적절히 이용하면서 왕권을 강화시켜 갔어. 승정원과 의금부도 왕권을 강화하는 역할을 했지. 오늘날의 대통령 비서실과 같은 승정원은 왕을 보좌하고 대변하는 역할을 했어. 의금부는 왕의 직속 사법 기관으로, 왕의 특명에 따라 반역죄나 고위 관료들의 죄를 심문하고 엄히 다스렸기 때문에 신하들에게는 공포의 대상이었지.

하지만 왕의 권한이 커지는 만큼 이를 견제하려는 신하들의 움직임도 만만치 않았어. 왕의 권한이 커지는 것을 견제하는 대표적인 기관이 바로 사헌부·사간원·홍문관이야. 이들 기관을 합쳐서 '3사'라고 해. 3사는 언론을 담당하는 기관이기 때문에 여기서 일하는 관리들을 '언관'이라고 했단다.

사헌부와 사간원의 관리를 묶어 '대간'이라고 해. 역사책이나 역사 드라마에서 "대간들의 상소가 빗발쳤다."고 하는 말을 종종 들어 봤을 거야. 사헌부는 관리의 비리를 감찰하고, 사간원은 왕이나 나랏일을 비판하는 역할을 했어. 3사 가운데 가장 늦게 만들어진 홍문관은 학술 기관이면서 동시에 왕의 자문 역할도 맡아 왕이 올바른 정치를 할 수 있게 했단다.

3사의 언론 활동은 고유한 권한이기 때문에 정승이나 왕이라도 함부로 막을 수 없었어. 왕권과 신권을 적절히 누른 거야. 3사의 관리에는 주로 높은 학식과 인품을 갖춘 사람이 임명되었어. 그래서 비록 높은 벼슬은 아니

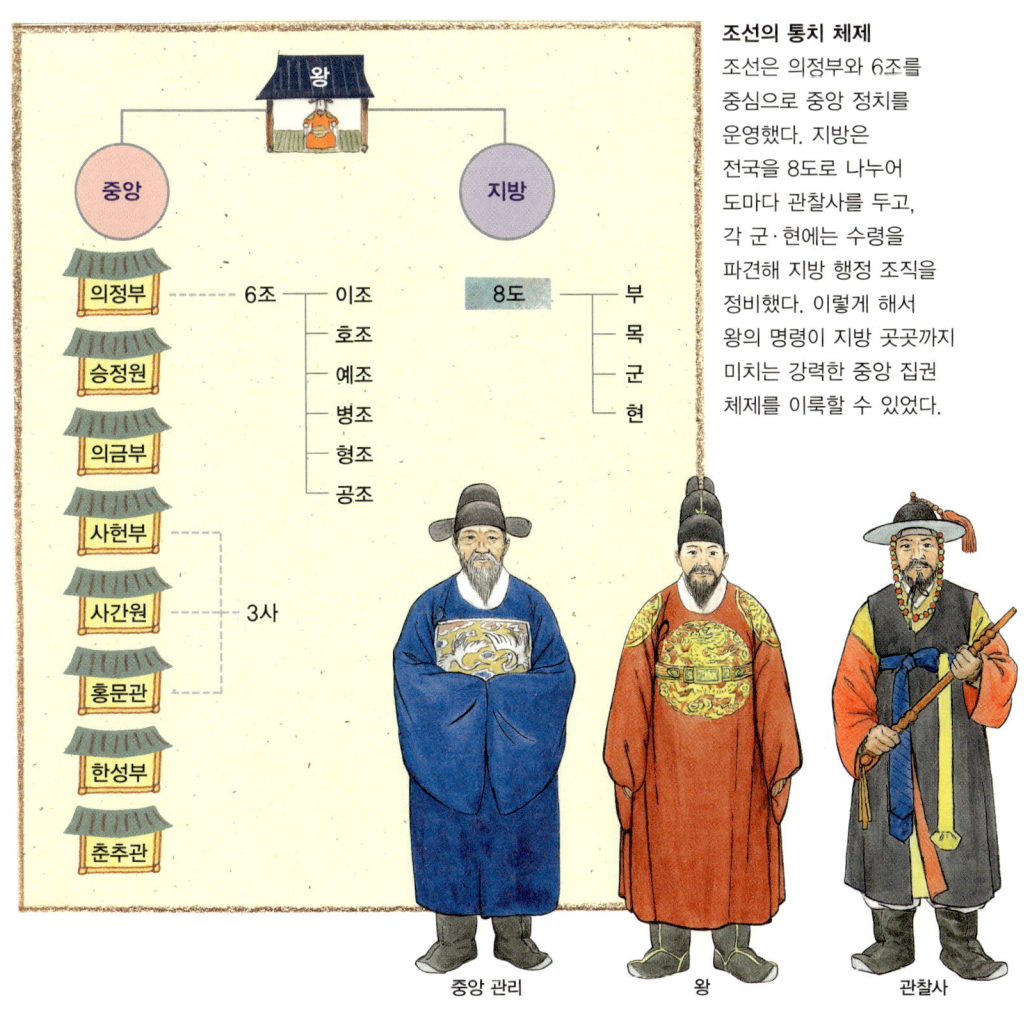

조선의 통치 체제
조선은 의정부와 6조를 중심으로 중앙 정치를 운영했다. 지방은 전국을 8도로 나누어 도마다 관찰사를 두고, 각 군·현에는 수령을 파견해 지방 행정 조직을 정비했다. 이렇게 해서 왕의 명령이 지방 곳곳까지 미치는 강력한 중앙 집권 체제를 이룩할 수 있었다.

지만 조선의 관리들은 3사에서 일하는 것을 자랑스럽게 여겼단다.

임금과 신하들이 한자리에 모여 학문과 정치에 대해 토론하는 경연도 왕의 권한을 견제하는 제도라고 할 수 있어. 신하들은 경연을 할 때 자기 의견을 거침없이 이야기했어. 경연은 신하들이 임금 앞에서 입바른 소리를 하기에 딱 좋은 자리였지. 하지만 듣기 싫은 소리를 들어야 했기 때문에 경연을 피하는 왕도 많았어. 태조 이성계와 연산군은 경연을 피했던 왕으로 유명해.

【 지방에 관찰사와 수령을 파견하다 】

조선은 전국을 8도로 나누고 각 도는 부·목·군·현으로 나누었어. 도를 다스리기 위해서는 관찰사를 보내고, 부·목·군·현에는 각각 부사·목사·군수·현감 등을 파견했지. 이들을 흔히 수령 또는 사또라고 해.

오늘날의 도지사에 해당하는 관찰사는 한 도를 다스리는 일을 했어. 또 수령들이 백성을 잘 다스리는지 감시하고 감독했지. 그래서 관찰사를 감사라고도 했단다. 지금의 도지사와 다른 점은 관찰사에게는 군사 지휘권이 있어서 외적이 침입하거나 반란이 일어나면 군대를 지휘했다는 거야.

수령은 오늘날로 치면 시장이나 군수쯤 돼. 그럼 수령은 어떤 일을 했을까? 조선 시대에 수령이 하는 일은 줄곧 같았으니까, 조선 후기에 전라도 강진 현감으로 발령을 받아 떠나는 이장형의 이야기를 통해 알아보자꾸나.

병부와 병부 주머니 병부는 지방관이 군대를 동원할 때 표지로 쓰던 나무패이다. '발병(發兵)'이라고 적힌 병부를 둘로 쪼개 오른쪽은 지방관에게 주고 왼쪽은 왕이 갖고 있다가 군사 동원이 필요할 때 명령서와 함께 보냈다. 두 쪽을 맞추어 보고 맞으면 지방관이 군사를 동원할 수 있었다. 병부는 주머니에 넣고 긴 띠에 매달아 찼다.

[**조선의 행정 구역**]
태종은 지방 제도를 정비하기 위해 전국을 8도로 나눈 뒤, 그 아래 부·목·군·현을 설치하고 지방관을 파견했다.

이장형은 강진으로 떠나기 전에 효종에게 하직 인사를 올렸어. 이때 효종이 이장형에게 고을을 다스리는 수령으로서 힘써야 할 7가지 일이 무엇인지 물었어.

"수령 칠사가 무엇인지 아느냐?"

임금 앞에서 긴장한 탓인지 이장형은 쉽게 대답하지 못하고 머뭇거렸어. 그러자 효종의 얼굴이 점점 굳어졌어. 효종이 다시 물었지.

"수령 칠사가 무엇인지 어서 대답해 보거라!"

이장형의 이마에는 식은땀이 흘렀어. 이장형은 기억을 더듬으며 간신히 말했어.

"수령이 힘써야 할 일곱 가지 일은…… 농사를 잘 돌보고, 학교를 일으키며, 호구를 늘리고…… 군사를 잘 통솔하고, 부역과 세금을 공평하게 하고…… 재판을 공정하게 하며, 간사하고 교활한 풍속을 없애는 것이옵니다."

이장형은 대답을 마치고 고개를 들지 못했어.

수령 부임 행렬

못마땅한 표정으로 듣고 있던 효종은 강진의 형편이 어떤지 말해 보라고 했지.

이번에도 이장형은 한참을 대답하지 못했어. 효종이 큰 소리로 이장형을 다그치자, 이장형은 기어들어 가는 목소리로 말했어.

"아뢰옵기 황송하오나…… 소신, 강진에 대해 아는 바가 없사옵니다."

화가 난 효종은 소리쳤어.

"부임할 고을의 형편이 어떤지도 제대로 파악하지 않았다니, 수령으로 갈 자격이 없다!"

그래서 결국 이장형은 강진 현감으로 가지 못했다는 얘기야.

이처럼 조선 시대에는 지방관을 파견하면서 수령 칠사를 꼭 지키게 했어. 관찰사는 수령들이 수령 칠사를 잘 이행하는지를 계절마다 평가하여 왕에게 보고했단다.

한편 고을을 다스리기 위해 파견한 관리들 말고도 지방마다 역을 관리하는 '찰방'이 있었어. 찰방은 그 지역의 여러 역을 관리했어. 역은 발령을 받아 지방으로 가는 관리나 지방을 순찰하러 가는 관리들을 위해 설치한 곳이야. 이 무렵에는 교통이 그리 발달하지 않았기 때문에 말을 바꿔 탈 수 있고 잠자리를 제공하는 역은 중요한 곳이었어. 중앙에서 파견한 암행어사가 지방을 순찰할 때 마패를 보여 주고 말을 바꿔 탈 수 있는 곳도 역이야. 육모 방망이를 들고 "암행어사 출두요!" 하며 소리치는 포졸을 제공하는 곳도 역이란다.

마패 암행어사를 비롯하여 관원이 나랏일로 지방에 갈 때 역과 말을 이용할 수 있는 증표로 발급해 준 패이다. 관원의 등급에 따라 말의 수를 다르게 새겼다.

【 중앙에는 5위, 지방에는 육군과 수군을 두다 】

조선에서 가장 중요한 지역은 어디일까? 임금이 사는 궁궐이 있는 곳, 바로 한양이야. 그러니까 한양을 방어하는 일은 곧 임금을 지키는 일과도 같아. 한양과 임금을 지키는 군사 조직으로는 금군과 5위가 있었어. 금군은 임금을 가까이에서 호위하는 경호원들이야. 5위는 한양의 치안과 방어를 맡으면서 궁궐도 수비했지.

한양의 동부·서부·남부·북부·중부 5개 지역을 지키던 5위는 의흥위·용양위·호분위·충좌위·충무위로 모두 오위도총부 소속이었어. 각 위는 지방에서 온 군사들도 통솔했어. 예를 들면 한양의 동부를 지키는 용양위는 경상도에서 온 군사들을, 남부를 지키는 충좌위는 전라도에서 올라온 군사들의 훈련을 담당한 거야.

지방의 군사 조직은 육군과 수군으로 짜여졌어. 조선은 8도에 1~3개의 병영을 설치해 각 도를 지켰어. 병영은 육지에 있는 군사 기지야. 병영의 책임자는 그 지방을 다스리는 관찰사였지. 조선의 관찰사는 육군을 총지휘할 수 있는 '병마절도사'라는 직책도 함께 맡았거든. 그런데 관찰사들이 대부분 문관 출신이라서 국경 지대같이 군사적으로 더 중요한 지역에는 직업 군인으로 뽑은 병마절도사를 한두 명 더 파견했단다.

호위병의 도성 출입 허가 증표
왕의 호위병들이 밤에 도성 정문을 통과할 때 이 증표를 둘로 갈라서 한쪽은 각 문의 숙직실에 두고, 한쪽은 숙직하는 호위병에게 주었다.

그럼 조선 수군(오늘날의 해군)은 어디에 있었을까? 수군이 있는 곳을 수영이라고 하는데, 수군절도사가 책임자였어. 조선에는 경기도·전라도·충청도·경상도에 수영이 있었어. 왜구의 침입을 막기 위해 주로 서해안과 남해안 일대에 수군 기지를 둔 거야.

키워드+ 조선왕조실록

조선의 역사가 담긴 타임캡슐

조선 시대에 왕이 죽고 새 왕이 즉위하면 전의 왕이 살아 있을 때 일어난 일들을 역사책으로 만들었어. 이 책이 바로 1997년 유네스코 세계 기록 유산으로 지정된 『조선왕조실록』이야. 책 제목에는 『태종실록』, 『세종실록』처럼 죽은 왕 이름 뒤에 '실록'이라는 이름을 붙였지.

실록 편찬은 역사를 후손에게 남기는 아주 중요한 일이야. 그래서 왕이 죽고 나면 곧바로 실록청이라는 임시 관청을 설치해 실록을 만들게 했어. 실록을 만들 때는 사초를 비롯하여 승정원 일기, 춘추관 일기, 내의원 일기, 개인 문집 등 많은 기초 자료가 필요해. 이 가운데 가장 중요한 자료는 사관이 기록한 사초였단다.

『**조선왕조실록**』 조선 태조부터 철종까지 25대 472년간의 조선 역사를 왕들의 행적을 중심으로 기록한 책이다. 일제 강점기에 만들어진 『고종실록』과 『순종실록』은 일본에 의해 잘못 쓰여진 기록이 많아 실록에서 제외한다. 국보 151호.

사관은 임금의 곁에서 보고 들은 내용을 꼼꼼히 기록했어. 아무리 임금이라도 사관들의 눈길을 피하지 못했지. 태종도 그랬어. 하루는 태종이 사냥을 하러 갔다가 말에서 떨어졌어. 태종은 주위에 사관이 있는지 살피며, "사관이 내가 말에서 떨어진 것을 알지 못하게 하라."고 지시했어. 그러나 태종이 죽고 나서 만들어진 『태종실록』에는 말에서 떨어진 사실은 물론이고, 이 사실을 숨기려 했던 것까지 모두 기록되어 있단다.

왕은 사초도 볼 수 없었어. 자기가 왕으로 있을 때의 기록뿐 아니라 이미 세상을 떠난 왕의 사초도 못 봤지. 만약 왕이 사초를 본다면 사관은 제대로 기록하지 못할 거야. 사건에 대해 자기 생각을 밝히는 논평도 제대로 쓰지 못할 거고.

그런데 세종은 아버지 태종의 사초가 보고 싶었어. 형제들을 죽이고 왕이 된 아버지가 어떻게 기록돼 있는지 궁금했거든. 하지만 당시에 『태종실록』을 감수했던 맹사성은 "전하께서 만일 이를 보신다면 후세의 임금이 이를 본받아 실록을 고칠 것이며, 사관도 임금이 볼 것을 의심하여 사실을 다 기록하지 않을 것입니다. 어찌 후세에 그 진실함을 전하겠습니까?"라며 사초를 못 보게 했어.

왕이 사초를 보지 못하게 하는 또 다른 이유는 사초에 등장하는 인물이 살아 있다가 자칫 화를 당할 수도 있기 때문이야. 연산군은 신하들이 말리는데도 기어이 아버지 성종의 사초를 보고야 말았어. 사초의 내용을 보고 화가 난 연산군은 이미 죽은 신하의 시신을 무덤에서 꺼내 다시 죽이는 형벌을 내리고 말았단다.

여러 가지 자료를 모아 정리가 끝나면 초고 작성, 중간 수정, 최종 수정 작업을 거쳐 실록을 완성해. 최종 완성본을 뺀 나머지 종이는 주로 한양의 세검정 부근 냇물에 세초하여 바위에 말렸어. 세초란 종이를 물에 씻는 것을 말해. 종이를 남겨 두었다가는 내용이 새어 나갈지도 모르기 때문이야. 또 이렇게 내용을 모두 지운 종이는 재활용할 수 있었어.

완성된 실록은 궁궐 안 춘추관에 한 부를 보관하고, 정족산·적상산·태백산·오대산 사고(역사물을 보관하는 서고)에 한 부씩 보관했어. 이렇게 깊은 산속 여러 곳에 사고를 둔 이유는 불이 나거나 임진왜란 때처럼 왜적이 쳐들어와 실록이 모두 없어질 뻔한 위험한 순간이 있었기 때문이야.

『조선왕조실록』에는 태조부터 철종까지 25대 472년에 걸친 조선의 역사가 고스란히 담겨 있어. 조선에서 일어난 중요한 사건뿐만 아니라 정치·경제·사회·문화 등이 모두 들어 있지. 태종 때 들어온 코끼리라든가 현종 때 궁궐에 나타난 귀신 이야기, 정조가 쓴 안경 이야기 같은 흥미로운 이야기도 들어 있어. 『조선왕조실록』은 조선의 역사가 담긴 일종의 타임캡슐이라고도 할 수 있단다.

【 실록 편찬 과정 】

1. 실록청 설치와 자료 수집
왕이 죽으면 임시로 실록청을 설치해 사관들이 작성한 사초와 승정원 일기 등을 모두 수집해 실록 편찬 작업을 시작했다.

2. 초초·중초·정초 작성
사관들이 1차로 초초를 작성하면 이를 다시 수정하고 보완해 중초를 작성했다. 그다음에는 실록청의 책임자들이 모여서 중초를 교정한 뒤 정본으로 인쇄했다.

3. 실록의 보관과 세초
실록이 완성되면 한양과 지방에 있는 사고에 한 부씩 보관했다. 그러고 나면 사초와 초초, 중초 등을 세초했다. 세초가 끝나면 잔치를 열어 실록 편찬에 참여한 관원들을 격려했다.

키워드 06 양반과 천민

사람마다 귀하고 천함이 있다

조선 건국 세력은 고려 말에 어지러워진 신분 질서를 바로잡아야 나라를 안정적으로 다스릴 수 있다고 보았어. 당시 조선의 신분제는 크게 양인과 천인으로 나뉘어 있었어. 양인은 과거를 보아 벼슬할 수 있는 신분으로, 나라에 세금을 내고 군역을 져야 하는 의무가 있었어. 반면 천인은 나라에 대해 아무런 권리와 의무도 없는 신분이었지. 그래서 건국 세력은 양인의 수를 늘려 나라의 수입을 늘리는 한편, 성리학의 윤리를 사회 곳곳에 퍼뜨려 백성들이 자기 신분을 당연한 것으로 받아들이게 함으로써 신분 제도를 점차 안정시켜 갔단다.

【조선 사회의 특권층, 양반】

조선 초기에는 사람의 신분을 크게 양인과 천인으로 구분했어. 그런데 16세기 이후 성리학이 나라의 지배 이념으로 완전히 뿌리내리면서 신분 차별이 커졌고, 이에 따라 양인이 양반·중인·상민으로 나뉘게 되었어. 결국 조선의 신분 제도는 양반·중인·상민(평민)·천민 이렇게 네 개의 신분으로 나뉘게 된 거야.

양반은 원래 벼슬길에 오른 문반과 무반을 합해 부르는 말이었어. 그러다가 양반 관료 체제가 차차 자리 잡으면서 현직 관리뿐 아니라 그 가족과 가문까지도 양반이라 부르게 되었단다.

관직에 있는 양반은 나라에서 토지를 받고 토지에서 나는 생산물로 생활했어. 그러니까 토지가 곧 오늘날의 월급이었던 셈이지. 양반은 농사를 짓는다든가 물건을 만드는 따위의 생산 활동은 하지 않았어. 관직에 있는 양반은 나랏일에 종사했고, 관직에 있지 않은 양반은 글공부를 하며 지냈기 때문에 노비와 소작농에게 농사를 짓게 했어.

양반은 나라에 세금도 내지 않고 군대에 가지 않아도 되는 특권을 누렸어. 이런 양반 신분은 후손들에게 대물림되었단다. 양반에게 이런 특권이 있다

벼 타작 양반은 농민이나 수공업자처럼 직접 생산 활동을 하지 않고 노비나 소작농에게 농사를 짓게 했다. 조선 후기에 김홍도가 그린 그림이다.

보니 양반의 자손들은 더 좋은 교육을 받고 다른 신분 계층보다 더 쉽게 관리가 될 수 있었지. 농민 같은 상민들도 과거에 응시할 자격은 있었지만, 농사를 지으면서 과거 공부를 한다는 건 거의 불가능했어. 그렇게 시간이 흐르면서 양반은 타고나는 신분으로 굳어져 조선 시대에 가장 높은 신분층을 이루게 되었단다.

양반은 신분 질서를 강조한 성리학의 예법을 중요하게 여겨 예를 갖추어 조상에게 제사를 지내고, 조상의 역사를 기록한 족보를 만들어 대대로 양반 가문을 이어 갔어. '가문 덕에 대접받는다.'는 속담이 있을 정도로 양반 가문에서 태어나면 좀 모자라는 사람이라도 양반으로 대접받고 행세할 수 있었단다.

양반과 상민 양반이 지나가면 상민들은 길을 가거나 일을 하다가도 허리를 굽히고 양반이 지나갈 때까지 인사를 해야 했다.

조선의 기틀을 다지다 55

【 실무 전문가인 중인 】

관청에서 일하는 모든 관리가 양반이었던 것은 아니야. 상급 관리를 도우며 행정적인 일을 처리하거나 특별한 기술이 필요한 기술직을 맡은 하급 관리들이 따로 있었는데, 이들을 통틀어 중인이라고 해. 중앙 관청의 행정 실무자인 서리, 지방 관청에서 수령을 보좌하는 이방이나 호방 같은 향리, 군교(하급 군인), 교관(선생), 역관(통역사), 의관(의사), 율관(법률가), 계사(세무사), 화원(화가) 같은 사람들이 중인이었어. 오늘날 최고의 직업으로 꼽는 의사, 변호사, 외교관, 세무사가 조선 시대에는 모두 중인이었던 거지.

중인은 양반과 상민의 중간에 있던 신분으로, 양반에게는 멸시를 받았지만 상민보다는 높은 신분으로 여겨졌어. 중인도 과거를 볼 수 있었지만 하급 관직인 기술직을 뽑는 시험에만 응시할 수 있었어. 그러니까 애초부터 양반처럼 정승이나 판서 같은 높은 관리는 될 수 없었던 거야. 하지만 사신 행렬을 따라 중국이나 일본을 오가며 무역으로 돈을 번 역관 중에는 양반 못지않은 풍요로운 생활을 하는 사람도 있었단다.

참, 그리고 양반의 첩이 낳은 자식인 서얼도 중인에 속했어. 양반과 상민 첩 사이에서 태어난 자식을 서자라 하고, 양반과 천민 첩 사이에서 태어난 자식을 얼자라고 했지. 조선 시대에는 어머니의 신분을 따랐기 때문에 아버지가 아무리 정승 판서라 해도 첩의 자식이면 관직에 나가는 데도 제한이 따랐고, 여러 가지로 차별을 받았단다. 홍길동처럼 아버지를 아버지라 부르지도 못하고 나리라고 불러야 했던 거야.

일본으로 가는 역관 역관은 중국이나 일본을 오가는 사신 행렬을 따라가 통역을 하거나 외국 사신이 왔을 때 통역을 맡아 외교 관계에서 중요한 역할을 했다.

【 나라 살림을 책임지는 상민 】

상민 또는 평민은 농민, 수공업자, 상인 들이었어. 이들은 나라 살림에 필요한 세금을 내는 중요한 계층이었지. 특히 16~60세의 상민 남자는 군대에 가거나 나라에서 큰 공사를 할 때 불려 가 의무적으로 일을 해야 했어. 대신 상민들에게는 관직에 나갈 수 있는 권리를 주었지. 그렇지만 이들이 관직에 나가는 것은 거의 불가능했어. 관직에 나가려면 과거를 보아야 하는데, 상민들은 농사를 짓거나 물건을 만들거나 장사를 하며 먹고살아야 했기 때문에 과거 시험을 준비할 시간도, 경제적인 여유도 없었어. 뼈 빠지게 일해 봤자 입에 풀칠하고 세금을 내기에도 빠듯했으니 말이야.

상민의 대부분을 차지하는 것은 농민이었어. 조선은 농업 국가였기 때문에 산업 중에서는 농업을 가장 중시했거든. 농민 중에는 자기 땅을 가진 사람도 있었지만, 많은 농민들은 양반의 땅을 빌려 농사를 짓고 거둔 곡식의 반 정도를 땅 주인에게 바쳐야 했어. 이렇게 가장 많이 일하면서도 가장 많은 세금을 내야 했기 때문에 농민의 생활은 아주 힘들었어.

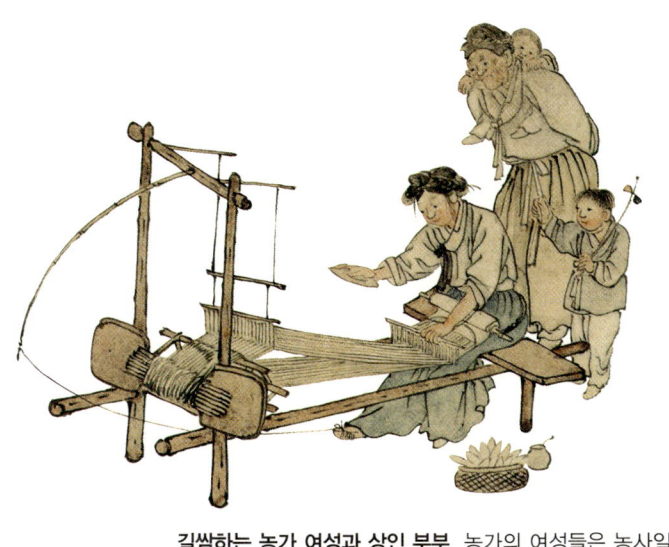

길쌈하는 농가 여성과 상인 부부 농가의 여성들은 농사일은 물론 길쌈을 하여 베를 짜서 식구가 입을 옷을 짓거나 세금을 내는 상민이었다. 새우젓이나 생선 따위를 팔러 길거리를 다니며 행상을 하는 상인 부부도 상민에 속했다.

【사람 대접도 못 받는 천민】

천민은 가장 낮은 신분인 만큼 가장 낮은 대우를 받았어. 심지어는 사람 취급도 못 받았지. 조선 시대에는 노비 말고도 가축 잡는 백정, 굿하는 무당, 재주 피우는 광대, 기생, 뱃사공 같은 사람들이 천민에 속했단다.

천민 가운데서도 대다수를 차지했던 노비에는 왕실이나 관청 등 나라에 속한 공노비와 개인에게 속한 사노비가 있었어. 사노비는 주인집에 살면서 주인의 살림을 도맡아 하고 농사를 지어 주는 노비와, 주인집에 살지 않고 따로 살면서 주인에게 일정한 공물을 바치는 노비가 있었지. 주인의 소유물이라는 이유만으로 세금 비슷한 것을 주인에게 바친 거야.

노비는 양반의 소유물로 토지와 함께 가장 중요한 재산이었어. 노비를 보통 종이라 했는데, 남자 종인 '노'와 여자 종인 '비'를 함께 이르는 말이야. 노비는 '생구(生口)'라고도 했어. 생구는 가축을 일컬을 때도 썼던 말이야. 그러니까 노비를 가축이나 다름없다고 본 거지. 그래서 노비의 수를 셀 때는 한 명, 두 명이라고 세지 않고 한 구, 두 구라고 셌단다. 노비는 사고팔 수도 있고, 후손에게 물려주거나 다른 사람에게 기증할 수도 있고, 담보로 잡혀 돈을 빌릴 수도 있었어. 심지어는 임신한 여종을 팔 때 배 속의 태아까지도 값을 쳐서 받을 수 있었다는구나.

기생 노래하고 춤추고 악기를 연주하며 잔치의 흥을 돋우는 기생도 천민 신분이었다. 신윤복이 그린 그림이다.

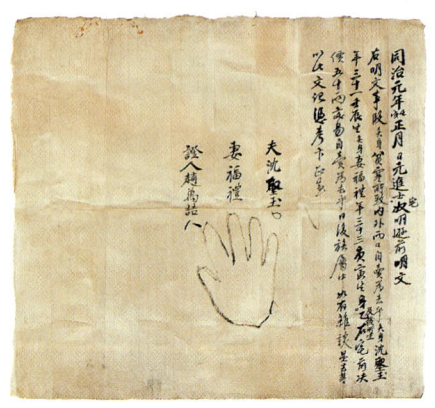

스스로를 노비로 판 문서 조선 후기 철종 때 가난한 처지 때문에 스스로를 노비로 판 사람의 문서이다. 자신은 물론 아내와 앞으로 태어날 자식까지도 함께 50냥을 받고 판다는 내용이 쓰여 있다. 글을 모르는 사람은 보통 자신의 손바닥을 그려 서명했다.

조선 시대에는 주인이 반란을 꾀하지 않는 한 노비가 주인을 함부로 고발할 수 없었어. 그래서 아무리 부당한 일을 당하고 가혹한 처벌을 받아도 하소연할 곳이 아무 데도 없었지. 이런 노비들의 처지를 잘 알려 주는 끔찍한 이야기가 『조선왕조실록』에 기록되어 있단다.

성종 때 유효손이라는 사람이 부리던 여종이 일이 힘들어 자주 도망을 갔대. 하루는 유효손이 도망간 여종을 잡아다가 다시는 도망치지 못하게 불로 다리를 지지고, 왼쪽 발뒤꿈치를 뚫어서 끈을 꿰어 묶어 놓았다지 뭐냐. 너무 끔찍한 일이라 소문이 널리 퍼져 마침내 궁궐의 임금 귀에까지 흘러 들어갔지. 소문을 들은 성종은 불호령을 내렸어.

노비 주인집에서 온갖 일을 도맡아 하는 남자 종과 여자 종의 모습이다.

"불에 달군 쇠로 사람 몸을 지지는 일은 나라에서도 하지 않는데 유효손이 감히 노비에게 사용하였으니, 여종을 노비 신분에서 풀어 주고 유효손은 엄히 처벌하라!"

그러나 신하들은 반대했어. 비록 유효손이 노비에게 가혹한 짓은 했지만 죽이지는 않았다며 유효손을 처벌하지 않았지. 그리고 여종을 노비 신분에서 풀어 주는 것으로 사건을 마무리했어. 신하들에게도 노비가 있기 때문에 유효손 편을 들었던 거야. 이처럼 노비는 천민 중에서도 가장 모질고 심한 대접을 받은 신분이었구나!

키워드 07 　 과거 제도

나라의 인재를 키우다

조선은 유교 이념에 따라 나라를 이끌어 갈 인재를 뽑기 위해 교육 제도의 핵심인 과거 제도를 정비했어. 고려의 과거 제도는 그야말로 이름뿐인 제도였어. 고려에는 귀족 자제들이 관직에 쉽게 나아갈 수 있는 음서 제도라는 추천제가 있었거든. 조선은 고려 때 승려를 뽑는 시험이었던 승과를 없애고, 고려 때는 없던 무과를 새로 만들어 문무 양반 체제를 다져 나갔단다.

【유교 정치를 실현할 관리를 뽑는 과거 제도】

조선에서 과거 시험은 보통 3년마다 실시하는 게 원칙이었어. 이를 '식년시'라고 하는데, 이 밖에도 여러 시험이 있었어. 태종이 즉위한 해에 처음 실시한 증광시처럼 나라에 경사스러운 일이 있을 때도 과거를 시행했어. 임금이 국립 대학인 성균관의 문묘에서 제사를 지낸 다음 성균관 유생들을 대상으로 치른 알성시도 있었고.

문과 시험을 치르려면 '소과'라고 하는 생원시와 진사시를 보아야 해. 예비 시험인 이들 시험에 합격해야 비로소 문과 시험을 볼 수 있었지. 생원시는 유교 경전을 얼마나 이해하고 있는지를, 진사시는 글 쓰는 능력을 알아보는 시험이야. 이 시험에 합격한 사람을 생원이나 진사라고 불렀어. 합격자에게는 합격증과 함께 성균관에 입학할 수 있는 자격을 주었단다.

본격적인 문과 시험은 이제부터야. 문과 시험은 '대과'라고 하여 초시·복시·전시로 나뉘어 있었어. 초시에 합격해야 복시를 볼 수 있고, 복시에서

무과 시험 치르는 모습 조선 시대에는 무과 시험을 정식으로 실시했다. 함경도 길주에서 말타기와 활쏘기 등 무과 시험을 보는 장면을 그린 그림이다.

는 합격자 33명을 뽑아 임금 앞에서 전시를 치렀어. 전시는 탈락자 없이 등수를 매기는 시험이야. 대과의 전시에서 1등을 하면 장원 급제라고 해.

조선은 3년마다 33명의 문과 관리를 뽑았어. 하지만 관직이 한정되어 있기 때문에, 복시에 합격해도 곧바로 관리가 될 수 있는 건 아니었어. 조선 시대에 관리가 된다는 건 하늘의 별을 따는 것만큼이나 어려웠단다.

무과는 병조에서 실시하는 교육을 받아야 응시할 수 있었어. 생원시와 진사시 같은 예비 시험은 없어. 3년마다 대과만 치러 28명의 합격자를 뽑았지. 활쏘기 같은 실기 시험을 주로 보다가 세종 이후부터는 필기시험 과목에 유교 경전과 병법책을 포함시켰어. 시험 과목에서도 유교 국가의 모습을 엿볼 수 있지!

문과와 무과에 합격한 사람들은 왕이 참석한 자리에서 합격증을 받았어.

장원 급제를 한 사람은 왕이 내린 어사화를 관모에 꽂고는 말을 타고 풍악을 울리며 사흘 동안 잔치를 벌였어. 시험관과 선배 급제자, 친척들에게 두루두루 인사를 다닌 거야.

잡과는 법과 관련된 일을 하는 관리와 천문 관련 일을 맡는 관리, 오늘날의 통역사와 의사, 그리고 관청에서 업무를 보조하는 서리 등 주로 전문 기술직을 뽑는 시험이었어.

잡과에는 초시와 복시만 있고 임금 앞에서 치르는 전시는 없어. 합격증도 문과와 무과의 합격증과 달랐지. 문과와 무과의 합격증에는 '과거인'이라는 임금의 도장을 찍은 반면, 잡과의 합격증에는 '예조인'이라는 예조 판서의 도장을 찍었어. 이것만 봐도 조선 사회가 기술직을 어떻게 여겼는지 알 수 있겠구나.

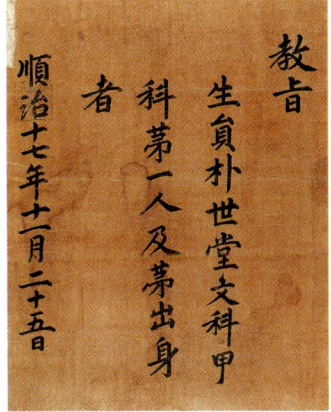

홍패 과거에 최종 합격한 사람에게 왕이 내린 합격 증서이다. 붉은색 종이에 합격자의 이름과 과거 종류, 등급, 성적 등을 적었다.

종이로 만든 어사화

장원 급제자 삼일유가 행렬
과거에 장원 급제한 사람은 사흘 동안 휴가를 받고 풍악을 울리며 인사를 다녔다.

【 과거 시험장의 풍경 】

과거 시험은 지금의 공무원 시험이라고 할 수 있어. 예나 지금이나 시험을 앞둔 수험생의 심정은 마찬가지일 거야.

과거 시험장과 가까운 곳에 사는 수험생은 시험 당일 이른 아침에 가면 되지만, 조금 먼 곳에 사는 수험생들은 며칠 전부터 시험장 주변에 있는 방을 잡거나 친척 집에 잠깐 신세를 지기도 했어. 아주 멀리서 오는 수험생들은 수레에 솥이며 먹을거리며 이불과 옷가지 따위를 바리바리 챙겨서 가기도 했지. 하인이 따라가기도 하고. 지금이야 지방에서 서울까지 단 몇 시간 만에 갈 수 있지만, 조선 시대에는 지방에서 한양까지 가는 데 며칠씩이나 걸렸거든. 수험생들은 이렇게 시험장 주변 주막이나 친척 집에 머무르며 시험 정보를 수집하기도 하고, 다른 수험생과 실력을 견주어 보기도 했단다.

과거 보는 날, 수험생들은 시험장으로 들어가는 입구에서 소지품 검사를 받았어. 필기도구 이외에 책이나 쪽지를 가지고 있는지 말이야. 시험장에 책을 가지고 들어가거나 다른 사람을 데리고 들어가면 부정행위로 여겨져 3년에서 5년 동안 과거에 응시할 수 없었단다.

부정행위는 조선 초기에도 있었지만, 후기로 갈수록 심해졌어. 예상 답안을 긴 도포자락에 빽빽이 써 온 사람, 담장 주변에 자리를 잡고 하인을 시켜 담장 너머로 종이쪽지를 건네받는 사람, 붓두껍에 답안을 숨긴 사람,

『시전대전』 유교 경전인 『시경』의 내용을 알기 쉽게 풀이한 과거 학습용 책. 과거를 준비하는 선비들은 이런 책에 밑줄을 그으며 열심히 공부했다.

『시전』을 보관한 상자

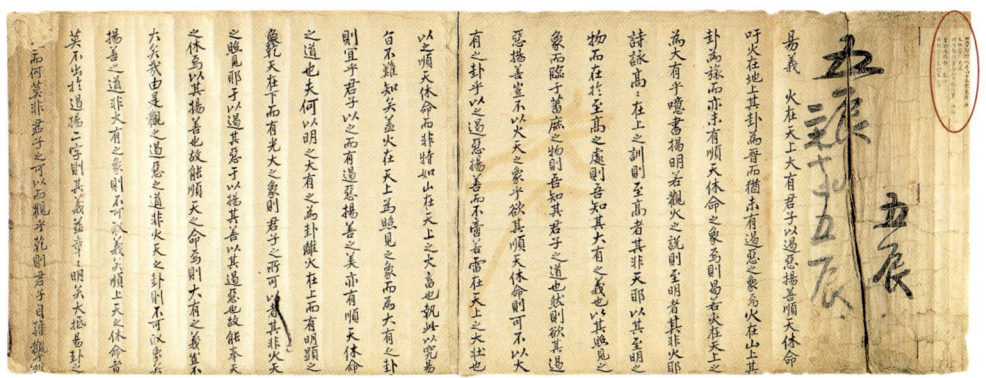

과거 시험 답안지 응시자는 답안지 오른쪽 위에 자신의 이름, 나이, 본관, 주소, 그리고 조상의 이름과 벼슬 직책을 썼다. 답안지를 낼 때는 부정을 막기 위해 응시자의 인적 사항이 적힌 부분을 접어서 봉한 뒤 제출하게 했다. 관에서는 봉한 부분과 답안 부분에 표시를 하고 칼로 오려 내어 따로 보관했다.

콧구멍에 답안을 숨겨 온 사람……. 심지어는 남의 답안지에 자기 이름을 써넣은 사람도 있었다는구나.

수험생들의 부정행위를 방지하기 위한 노력도 만만치 않았어. 혹시라도 채점자가 수험생을 알아보고 부정 합격을 시킬까 봐 인적 사항을 적은 부분을 아예 봉해 버렸어. 그래도 답안지에 쓰인 글씨를 알아볼까 봐 글씨를 전문으로 쓰는 사람에게 답안지를 베끼게 한 뒤 채점했지. 암기 시험은 시험관과 수험생이 서로 등을 돌리고 앉아 외우게 했고. 어떤 때는 시험 장소를 두세 군데 마련해 놓고 시험관과 알고 지내는 사람은 다른 시험장으로 보냈어. 하지만 아무리 노력해도 수험생들의 기발한 부정행위를 완전히 막지는 못했다는구나.

조선 후기에는 시험 때가 가까워지면 오늘날 족집게 과외처럼 시험에 자주 출제되는 문제들만 모아 놓은 책이 나돌기도 했는데, 뜻있는 선비들은 이러한 세태를 비판하기도 했어. 단순 암기 위주의 공부로 과거를 보아 출세하는 것은 유학자의 자세가 아니라고 말이야.

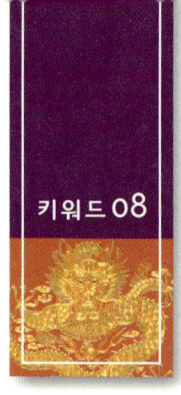

키워드 08 성균관과 향교

조선의 인재를 기르는 교육 기관

'교육은 백년지대계'라는 말 들어 봤니? 백 년 앞을 내다보고 계획을 잘 세워서 교육을 해야 한다는 뜻으로, 교육의 중요성을 강조한 말이야. 어느 시대에나 그 시대가 요구하는 교육을 시키는 교육 기관들이 있었어. 조선에는 성리학, 곧 유교 교육을 위한 기관들이 있었지. 성균관과 향교, 그리고 서당이 바로 유교 교육을 바탕으로 조선의 인재들을 길러 내는 곳이었단다.

【 조선 최고의 교육 기관, 성균관 】

성균관은 오늘날의 국립 대학으로 고려 때처럼 조선에서도 최고 교육 기관이었어. 성균관에 입학할 수 있는 사람은 생원시와 진사시에 합격했거나, 현직 관료 가운데 7급 이하 관리들이었어. 왕세자도 여덟 살이 되면 성균관에 입학했는데, 입학식만 하고 공부는 세자가 살고 있는 동궁에서 했단다.

성균관에 다니는 학생을 유생이라고 했어. 이들은 대과를 준비하기 위해 모두 이곳에서 먹고 자면서 공부했어. 국립 대학인 만큼 학비는 물론 기숙사비도 모두 나라에서 대 주었지.

성균관에는 강의실을 비롯해 도서관, 기숙사, 식당 같은

성균관 대성전 공자의 위패를 모시고 제사를 지내는 사당이다. 성균관과 향교, 서원 등 유교 이념에 따라 세운 학교에는 반드시 제사를 지내는 공간과 학문하는 공간이 함께 있었다. 보물 141호.

왕세자의 성균관 입학식 왕세자가 최고의 교육 기관인 성균관에 입학하는 의식을 행함으로써 왕실에서 먼저 교육의 모범을 보이겠다는 뜻이 나타나 있다.

나무패 성적표 시험관이 유교 경전을 펼쳐 놓고 어느 한 글귀를 지정하면 수험생은 돌아앉아서 그 글귀에서 시작해 경전 내용을 외우고 뜻을 풀이했다. 그러고 나면 시험관은 점수를 매겨 '통, 약, 조, 불'이라고 쓰인 나무패 가운데 하나를 들어 보였다.

시설이 잘 갖추어져 있었어. 또 문묘라고 하여 공자를 모시는 사당도 있었어. 문묘는 유교의 창시자인 공자를 기리고 건국 이념인 유교를 널리 퍼뜨리기 위한 곳이야. 유생들은 매달 1일에 정식으로 의복을 차려입고 문묘인 대성전에 가서 네 번 절을 해야 했어. 이 밖에 성균관 관리들이 근무하는 사무실, 활과 화살을 보관하는 곳, 제사 도구를 보관하는 곳 등도 있었지.

유생들은 『논어』, 『맹자』, 『시경』 같은 유교 경전 9과목을 공부해야 했어. 모두 공부하는 데 걸리는 기간은 기본적으로 3년이었어. 해마다 3월과 9월에는 시험을 치렀는데, '통, 약, 조, 불' 4단계로 평가를 받았어. 오늘날로 치면 '잘함, 보통, 부족함, 아주 부족함'이라고 할 수 있겠구나. 물론 '통'을 받으면 합격이고, '불'을 받으면 낙제였지.

100명이 넘는 유생들은 북소리에 따라 움직였어. 이른 새벽 북소리가 한 번 울리면 잠자리에서 일어나야 해. 북소리가 두 번 울리면 옷을 입고 경전을 읽어. 새벽 공부로 하루를 시작하는 거야.

　한창 글을 읽고 있는데 북소리가 세 번 울렸어. 이건 뭘까? 밥 먹으러 식당으로 가라는 신호야. 식당 입구에는 출석부가 있어. 출석부에 동그랗게 표시를 해야 하는데, 이것을 '원점'이라고 해. 날마다 아침과 저녁, 하루에 두 번 출석을 표시하면 1점을 딸 수 있는 거야. 원점이 300점이 넘어야 대과를 볼 수 있어. 졸업 기한이 없는 성균관에서 원점 300점을 딴다는 것은 바로 졸업을 뜻하기도 했어.

　밥을 먹고 나니 북소리가 한 번 더 들려. 수업 시작을 알리는 북소리야. 강의실에 가서 스승에게 인사하고 자리에 앉으니 유생 가운데 하나가 배운

성균관 동재 강당인 명륜당 동쪽에 있는 기숙사이다. 성균관 유생들은 동재와 명륜당 서쪽에 있는 서재에서 먹고 자고 공부했다.

것 가운데 잘 모르는 것을 질문해. 스승은 질문에 답을 해 주고, 나머지 유생들은 배운 것을 복습해. 다시 북소리가 두 번 울리면 한 사람씩 스승 앞으로 나아가 공부한 것을 점검받아. 통과하면 새로운 것을 공부하고, 그러지 못하면 다시 공부해야 해.

성균관 유생들은 이렇게 유교 경전을 공부하면서 열심히 과거 시험 준비에 매달렸어. 그렇다고 공부만 한 건 아니었어. 가끔은 성균관 근처의 반촌에 나가 술과 음식을 먹으면서 시험에 대한 부담감을 날려 버리기도 했어. 학생회를 조직하여 자치 활동을 하기도 했고.

유생들은 정치 문제에도 관심이 많았어. 나랏일이 잘못되어 간다고 생각하면 상소를 했어. 상소가 받아들여지지 않으면 단체로 요즘의 동맹 휴학에 해당하는 '권당'을 하여 아예 성균관을 비우기도 했단다.

경서통과 죽간 대나무 쪽마다 유교 경전의 글귀를 적어 통에 넣었다가 하나씩 빼어 보게 만든 것이다. 유교 경전을 외우거나 경전을 제대로 외웠는지 시험할 때 썼다.

서산 같은 책을 여러 번 되풀이해서 읽을 때 책 읽은 횟수를 세는 문방구이다. 종이 두 겹을 맞대고 한쪽 면에 귀를 만들어 접었다 폈다 하면 책 읽은 횟수를 헤아릴 수 있다.

【 지방의 공교육 기관, 향교 】

성균관이 한양에 있는 공교육 기관이라면 지방에는 향교가 있었어. 향교는 지금의 국립 중·고등학교라고 할 수 있지. 향교에 입학한 16세 이상의 학

대정 향교 태종 때 세운 향교이다. 추사 김정희가 귀양살이를 할 때 이곳에서 학생들을 가르치기도 했다고 한다. 제주도 서귀포시 안덕면에 있다.

생은 교생이라 했어. 교생 가운데 생원시, 진사시를 치러 합격한 사람은 성균관에 입학할 수 있었단다. 그러니까 향교는 성균관으로 가기 위한 일종의 징검다리였던 셈이지.

향교에서는 『소학』과 『가례』가 중요한 교과서였어. 『소학』은 사람이라면 마땅히 지켜야 할 도리를 담은 도덕 교과서 같은 거야. 유학을 본격적으로 공부하기 전에 배웠지. 『가례』는 성인식, 혼인식, 장례식, 제사 등을 치를 때 지켜야 하는 유교 예법을 정리한 책이야.

나라에서는 지방 곳곳에 향교를 퍼뜨리기 위해 실력 있는 선생을 파견하고, 절에서 빼앗은 노비와 토지를 향교에 주었어. 또 향교에서 공부하면 군역을 면제해 주었어. 곧 군대에 가지 않아도 된다는 얘기지.

향교에도 성균관과 마찬가지로 문묘가 있었어. 지방마다 설치된 향교 덕분에 삼강오륜 같은 유교의 실천 덕목이 널리 퍼질 수 있었지. 하지만 시간이 지나면서 나라의 재정이 어려워져 향교에 점점 선생을 파견하지 못하게 되었어. 그 뒤 향교는 군역을 피하기 위한 곳으로 변질되면서 교육 기관의 기능을 잃어 갔단다.

【 사교육 기관, 서당 】

조선 시대 아이들이 다니던 학교 하면 뭐가 가장 먼저 떠오르니? 김홍도가 그린 서당 풍경! 서당은 도읍뿐만 아니라 조선 8도 곳곳에 세운 사립 초·

서당 김홍도가 그린 서당 풍경이다. 한 아이가 훈장에게 회초리를 맞은 듯 울고 있고, 학동들은 재미있어하며 웃고 있다.

분판 서당에서 글씨 연습용으로 사용하던 작은 칠판 같은 것이다. 기름에 갠 분가루를 발라서 말린 널판지 위에 붓글씨를 쓴 뒤 먹수건으로 글씨를 지웠다.

중등 교육 기관이야. 그러니까 오늘날의 사설 학원이나 과외 같은 거란다. 서당에는 평민들도 많이 다녔어.

서당에 다니는 학생은 학동이라 불렀어. 서당에 가면 맨 처음 『천자문』으로 한자의 음과 뜻을 익혀. 『천자문』을 떼고 나면 『동몽선습』, 『격몽요결』, 『명심보감』 등으로 문장을 읽고 뜻을 이해하는 공부를 해. 그다음엔 『소학』과 사서삼경 등 유교 경전을 공부했지. 서당에 입학할 수 있는 나이 제한은 없었지만, 보통 7~8세쯤 입학해서 15~16세에 수업을 마치면 대개 향교에 진학했어.

서당은 사설 교육 기관이라 누구나 열 수 있었어. 선생이 자기 집에 서당을 열어 아이들을 모아 가르치기도 하고, 양반들 중에는 아예 선생을 자기 집에 모셔 와 먹이고 재우면서 자식을 가르치는 경우도 있었지. 마을에서 공동으로 경비를 마련해 선생을 모셔 오기도 했고, 선생이 여러 집을 방문해 가르치기도 했단다.

2 문화와 과학을 꽃피우다

나랏말싸미

세종 대왕 하면 가장 먼저 떠오르는 게 훈민정음, 바로 한글일 거야. 세종 시대는 한글 창제를 비롯하여 활발한 편찬 사업, 측우기·자격루 등 과학 기구의 발명, 천문역법의 발전 등 학문과 과학 분야에서 찬란한 문화를 꽃피운 시기였어. 왜구를 토벌하여 해안 지방을 안정시키고 4군 6진을 설치하여 영토를 넓히는 등 국방도 튼튼히 했지. 이렇게 세종 시대가 찬란히 빛날 수 있었던 까닭은 무엇일까?

키워드 09 세종

백성을 위하는 왕이 되리라

우리 역사에서 가장 훌륭한 정치를 펼친 왕은 누구일까? 광개토 대왕이나 정조 대왕을 꼽는 사람들도 있겠지만, 대부분은 세종 대왕을 가장 먼저 떠올릴 거야. 세종은 우리글인 훈민정음을 만든 것을 비롯하여 측우기, 혼천의 같은 과학 기구를 발명하는 등 수많은 업적을 남겼지. 그런데 사실 세종은 왕이 될 위치에 있지는 않았어. 태종의 맏아들인 양녕 대군이 일찌감치 왕위를 이어받을 왕세자로 있었거든. 그럼다면 어떻게 셋째인 세종이 왕이 될 수 있었던 걸까?

【 능력 있는 사람이 왕이 되어야 한다 】

조선 시대에는 맏아들이 왕위를 물려받는 것이 원칙이었어. 그래서 셋째 아들로 태어난 세종은 원래는 왕이 될 수 없는 사람이었지. 하지만 태종은 세종을 꼭 왕으로 삼고 싶어 했어. 어릴 때부터 총명하고 성실한 세종이라면 새 나라의 기틀을 잘 세울 수 있을 거라고 생각했기 때문이야.

세종은 왕위에 오르기 전에 충녕 대군이라고 불렸어. 세종은 대군 시절에도 책을 좋아했는데, 책을 얼마나 좋아했는지 알려 주는 이야기가 있어.

충녕 대군이 큰 병에 걸려 푹 쉬어야 하는데도 책을 손에서 놓지 않자, 아버지 태종이 화를 내며 명을 내렸어.

"충녕의 방에 있는 모든 책을 치우고 절대 책을 보지 못하게 하라."

그런데도 충녕 대군은 책 한 권을 감추어 두었다가 병풍 뒤에서 몰래 보며 무척 좋아했대. 그 뒤로 태종은 충녕 대군에게 더 큰 믿음을 갖게 되었지.

충녕 대군이 왕세자 자리에 오르게 된 데에는 양녕 대군에 대한 태종의 실망도 크게 작용했어. 태종의 맏아들로 왕세자였던 양녕 대군은 아버지와 성격이 맞지 않았어. 태종이 치밀하고 엄격한 데 견주어 양녕 대군은 거리낌이 없고 놀기를 좋아하는 성격이었거든. 양녕 대군은 글공부보다 사냥이나 풍류에 관심이 많았지. 양녕 대군이 글공부를 게을리하는 바람에 주변 사람들도 자주 곤란을 겪었어. 양녕 대군이 학업을 게을리하자 태종은 왕세자

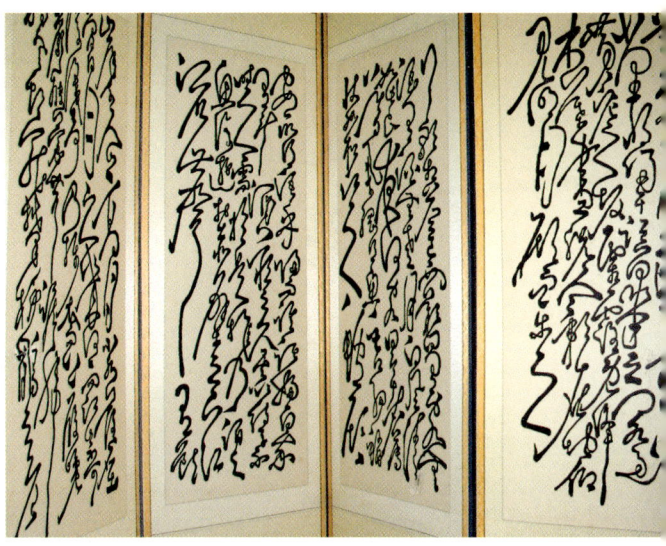

양녕 대군의 글씨 양녕 대군이 중국 송나라의 문장가 소동파의 「후적벽부」를 초서체로 쓴 것이다. 양녕 대군의 자유분방한 성격이 묻어나는 작품으로, 양녕 대군의 사당인 지덕사에 소장되어 있다.

를 모시는 내시들에게 매를 치기도 했어. 얼마나 글공부를 싫어했는지 양녕 대군은 스승인 이래에 대해 이런 푸념까지 했대.

"이래만 보면 머리가 아프고 마음이 어지럽단 말이야. 꿈에 보이면 그날은 반드시 감기가 들어."

양녕 대군은 급기야 건달패나 기생들을 궁궐까지 불러들였어. 이 사실을 알게 된 태종은 몹시 화가 났지. 황희를 비롯한 몇몇 신하들이 반대했지만, 태종은 끝내 양녕 대군을 왕세자 자리에서 물러나게 했어.

태종은 자신이 그랬던 것처럼 국왕의 자리는 맏아들이 물려받는다는 원칙보다는 나라를 잘 다스릴 수 있는 능력을 중요하게 여겼어. 그리고 이제 겨우 자리 잡은 조선 왕조가 굳건히 뿌리를 내리려면 충녕 대군처럼 결단력 있고 능력 있는 사람이 왕이 되어야 한다고 믿었어. 그래서 드디어 셋째인 충녕 대군을 왕세자로 세웠단다.

【백성을 사랑하는 마음으로 나라를 다스리다】

태종은 충녕 대군을 세자로 삼은 지 두 달 만에 왕위를 물려주었어. 보통은 왕이 죽은 다음 세자가 왕위에 오르지만, 태종이 이렇게 자기가 살아 있을 때 왕위를 물려준 데에는 나름의 이유가 있었단다.

태종은 상왕으로 있으면서 국방과 외교 문제만큼은 자기가 처리했어. 세종에게 국방과 외교에 대한 부담을 덜어 주어 안정된 정치를 펴게 하려고 그랬던 거야. 또 한편으로는 자신이 살아 있는 동안 왕권을 위협하는 세력을 없애서 세종이 나라를 다스려 나가는 데 도움을 주려고 했던 거지. 태종은 세종의 앞길에 걸림돌이 되는 사람을 냉혹하게 없애 버렸어. 심지어 세종의 장인인 심온에게 죄를 뒤집어씌워 죽이기까지 했단다.

태종이 이렇게 마련한 안정된 바탕 위에서 세종은 나라를 다스리는 데 혼신의 힘을 쏟을 수 있었어. 그 결과 우리 역사에서 가장 찬란한 정치와 문화를 펼칠 수 있게 된 거야.

세종이 나라를 다스릴 때 가장 밑바탕이 되었던 것은 백성을 사랑하는 애민 정신이었어. 세종은 백성이 없으면 나라도 임금도 있을 수 없다고 생각했어. 세종은 백성을 위하는 것이 어떤 것인지를 몸소 실천한 왕이었지.

세종이 왕위에 오른 해에 흉년이 들어 백성이 굶주리자, 세종은 호조에 명해 곡식을 나누어 주게 했어. 그리고 백성의 고통을 모르는 척하는 수령들이 있으면 엄명을 내렸지.

세종 대왕 어진

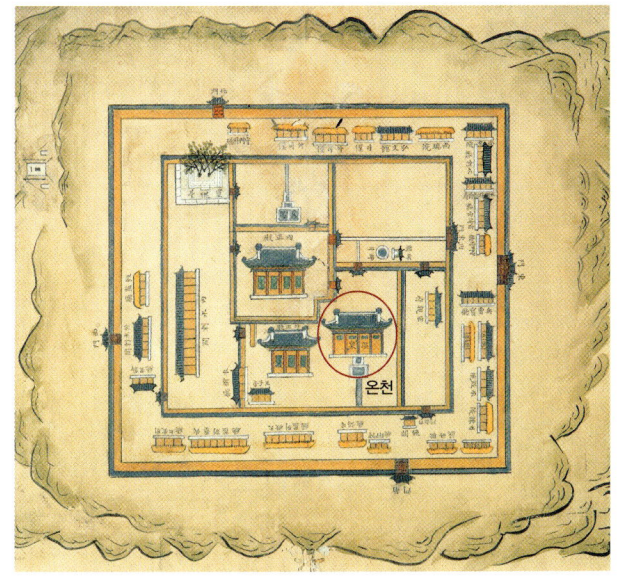

온양 별궁 전도 조선 시대 왕들이 질병을 치료하거나 쉬기 위해 자주 찾았던 온양 별궁의 모습이다. 왕들은 이곳에 머물면서 온천욕도 하고 나랏일도 보았다. 세종도 평소 피부병과 안질 등 갖가지 질병에 시달려서 치료차 충청도 온양의 온천을 자주 찾았다.

"만약 어느 고을에 굶어 죽는 백성이 한 사람이라도 있으면 그 고을을 다스리는 감사와 수령은 엄히 다스릴 것이다."

세종은 백성들이 굶고 있으면 상 위에 오른 반찬은 먹지도 않았고, 따뜻한 방에서 자는 것도 안 된다며 밖에서 자기까지 했단다.

세종은 몸이 아파서 지방으로 자주 온천욕을 갔어. 그때마다 백성들은 왕이 타고 가는 가마가 지나갈 수 있도록 길을 새로 닦고, 왕이 머무를 곳을 새로 지어야 했어. 500명이나 되는 사람이 수행원으로 따라가야 했으니, 이들이 먹을 것과 머물 곳도 백성들이 마련해야 했지. 아픈 몸을 치료하려고 온천에 갔지만 세종의 마음은 편치 않았어. 그래서 일정을 앞당겨 서둘러 한양으로 돌아오곤 했어.

백성을 생각하는 세종의 마음은 이뿐만이 아니었어. 온천욕을 마치고 나면 온천 부근에 사는 백성들을 불러 음식을 베풀고, 일행이 밟고 지나가다 손해를 끼친 보리밭에는 보상을 해 주기도 했지.

이처럼 백성을 위하는 세종의 애민 정신은 나라를 다스리는 동안 여러 가지 정책에 스며들어 나타나게 된단다.

키워드 10 집현전

조선의 학문과 문화를 이끌다

집현전은 세종 시대에 학문의 전당으로 자리를 잡은 곳이었어. 세종 스스로도 능력이 뛰어났지만 최고의 인재를 모아 집현전에서 학문을 연구하게 했어. 세종은 집현전 학자들을 최고로 대우해 주면서 그들이 학문에 전념할 수 있도록 관심과 격려를 아끼지 않았어. 집현전 학자들이 연구한 내용은 국가의 중요한 정책을 세우는 데 활용했지. 집현전은 세종 시대에 조선의 학문과 문화가 활짝 꽃필 수 있는 중심 역할을 했단다.

【 세종, 집현전을 다시 세우다 】

세종은 나라를 잘 다스리려면 무엇보다 우수한 인재가 필요하다고 생각했어. 아울러 조선의 건국 이념인 유교의 기틀을 잡고 유교적인 제도를 마련하려면 집중적으로 연구할 필요가 있다고 생각했어.

집현전이라는 명칭을 처음 사용한 것은 고려 인종 때였어. 하지만 집현전은 원나라가 고려를 지배하면서부터 있으나 마나 한 곳이 되었지. 조선의 2대 임금이었던 정종이 집현전을 다시 세웠지만 이때도 거의 제 역할을 하지 못했어. 그런 집현전을 세종이 왕위에 오른 지 2년이 되던 해에 국가 기관으로 등급을 올려 학문의 중심 기구로 삼았던 거야.

세종은 신숙주, 성삼문, 박팽년, 정인지, 최항 등 뛰어난 인재들을 집현전에 모았어. 이들은 모두 문과 급제자 출신이었어. 장원 급제한 정인지를 비롯하여 집현전을 거쳐 간 학자 중에서 절반에 가까운 46명이 5등 안에 든 사람들이야. 집현전에는 그야말로 국가 대표급 최고 인재들이 뽑혔다는 사실을 알 수 있지. 집현전은 세종 때 새로 설치되어 세조 때 폐지되기까지 모두 96명의 학자가 거쳐 갔어.

세종은 나라의 최고 인재들에게 학문을 연구하게 하고 이를 바탕으로 나라의 정책을 세우게 했어. 또 나라의 주요 업적을 책으로 펴내게 했지. 집현전 학자들은 최고의 성과를 올렸고, 이것은 조선 전기의 학문과 문화가 꽃필 수 있는 원동력이 되었어.

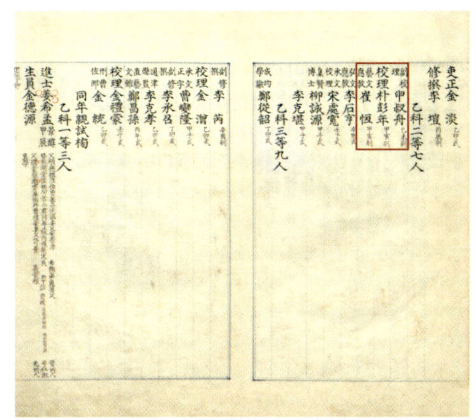

『국조문과방목』 조선 시대 문과 합격자의 명단을 기록한 책이다. 집현전 학자는 모두 문과 합격자 출신이었다. 오른쪽에 신숙주, 박팽년, 최항의 이름이 나란히 적혀 있다.

【 집현전에서는 어떤 일을 했을까? 】

집현전은 지금의 경복궁 수정전 자리에 있었어. 수정전은 왕이 조회를 여는 근정전과 업무를 보는 사정전에서 매우 가까운 곳이었지. 이것은 그만큼 세종이 집현전에 관심과 애정이 많았다는 사실을 말해 준단다.

집현전에서는 옛 제도를 해석하고, 나라를 다스리는 데 필요한 정책을 연구했어. 예를 들면 주택에 관한 옛 제도라든가 중국에서 온 사신을 어떻게 접대해야 할지, 조선의 약초에는 어떤 것들이 있는지 등을 말이야.

집현전에서는 또 왕이 유교적인 교양을 쌓아 올바른 정치를 펼 수 있도록 교육하는 '경연'과 다음 왕위를 이을 왕세자를 교육하는 '서연'도 맡아서 했어. 외교 문서도 작성하고, 과거 시험의 시험관으로도 참여했어. 역사서, 유교 경서, 병서를 비롯하여 의례, 법률, 천문학 등에 관련된 책을 펴내는 일도 활발하게 했지.

세종이 나라에 필요한 책을 펴내라는 과제를 내 주면 집현전 학사들은 옛 제도와 학문을 연구하고 조사해 책을 편찬했어. 이렇게 편찬한 책들은 세종 때 완성된 것도 많지만, 『고려사』처럼 세종 때 시작해서 문종 때 완성된 것도 있단다.

집현전은 세종의 각별한 배려를 받으며 수백 종의 연구 보고서와 50여 종

수정전 경복궁 근정전 서쪽에 있는 건물로, 세종 때 집현전으로 쓰였다. 임진왜란 때 불타 없어져 고종 때 다시 지었다. 보물 1760호.

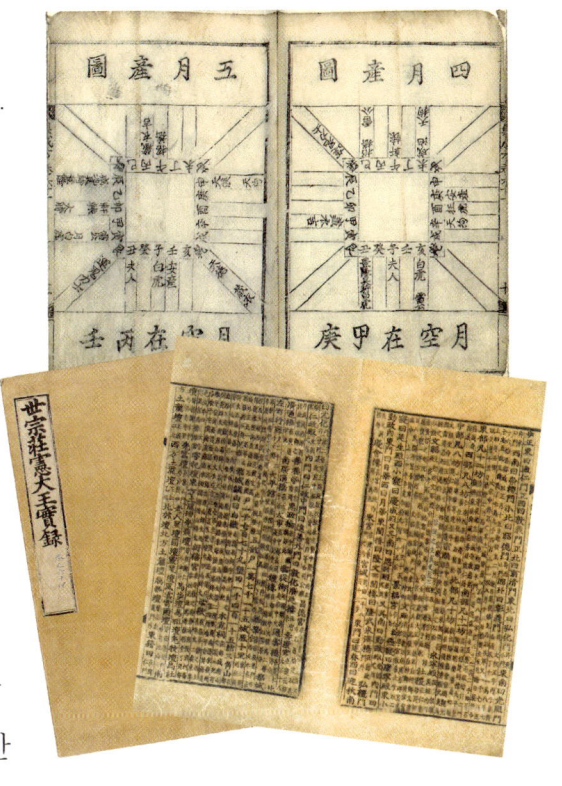

『향약집성방』(위) 조선의 땅에서 나는 약재로 질병을 치료할 수 있도록 처방법을 자세히 기록한 의학책이다.

『세종실록 지리지』(아래) 조선 초기의 전국 지리지로, 『세종실록』에 수록되어 있다. 경제·사회·군사·교통·산업·지방 제도 등이 체계적으로 기록되어 있어 이후 지리지의 모범이 되었다.

의 책을 펴냈어. 『농사직설』, 『향약집성방』, 『삼강행실도』, 『자치통감』, 『세종실록 지리지』, 『세종실록 오례』, 『역대병요』와 같이 의학, 역사, 지리, 의례, 국방 등 다양한 분야에 걸친 많은 책이 편찬되어 세종 시대 문화의 꽃을 활짝 피웠지. 약 37년이라는 짧은 기간 동안 활동했을 뿐인데도 집현전이 우리의 머릿속에 깊이 새겨져 있는 까닭은 이곳에서 세종 시대를 대표하는 학문과 문화가 완성되었기 때문이야.

집현전의 설치는 세종 혼자 나라의 정책을 결정하지 않고, 국가 인재의 보물 창고라 할 수 있는 집현전을 최대한 활용해 '함께하는 정치'의 모범을 보였다는 점에서 의미가 크단다.

【 집현전을 사랑한 세종이 만든 휴가 제도 】

집현전은 세종의 큰 관심 속에 나라의 중요 정책을 연구하고 결정했어. 세종은 시시때때로 집현전에 들러 학자들을 격려해 주었단다. 집현전 학사들에 대한 세종의 각별한 사랑과 보살핌을 알려 주는 유명한 이야기가 있어.

하루는 세종이 밤늦도록 책을 읽다가 내시를 불렀어.

"집현전 학사 중에 오늘은 누가 남아 글을 읽고 있는지 알아보아라."

문화와 과학을 꽃피우다

선비들의 문방구 조선 시대 선비들은 사랑방에 종이와 붓, 먹과 벼루 등 문방사우를 비롯하여 필통, 연적, 종이꽂이 등을 갖추어 놓고 늘 가까이했다. 고비는 벽에 걸어 놓고 편지나 두루마리 그림 따위를 꽂아 두는 물건이다.

 내시는 왕의 명을 받고 한달음에 집현전으로 달려갔지. 그랬더니 신숙주라는 젊은 학사가 글을 읽고 있는 거야. 내시가 세종에게 그대로 아뢰자 세종은 아주 흐뭇했지. 한참 지나 왕이 다시 내시에게 집현전에 가 보게 했는데, 그때까지도 신숙주가 글을 읽고 있더라는 거야.

 이번에는 세종이 직접 집현전으로 가 보았더니, 안에서 글 읽는 소리가 흘러나왔어. 왕은 그 소리에 취해 밤이 깊은 줄도 모르고 밖에서 계속 지켜보고 있었어. 새벽녘이 되자, 젊은 학사가 깜박 잠이 들었어. 세종은 그제야 안으로 들어가 자기가 입고 있던 담비 가죽 옷을 살그머니 덮어 주었지.

 아침에 잠에서 깬 신숙주는 왕이 다녀갔다는 것을 알고 감격의 눈물을 흘렸어. 이 일이 순식간에 궁궐 안팎에 알려지자, 젊은 선비들은 더욱더 공부에 힘을 쏟았다고 해.

 세종은 학문에만 전념하고 싶어 하는 학사들에게는 다른 관직을 맡기지 않고 10년이든 20년이든 집현전에 머물게 해 주었어. 정창손은 22년, 최만리는 18년, 박팽년은 15년, 신숙주는 10년을 근무하는 등 집현전에 근무하는 기간이 다른 어떤 곳보다도 길었지. 그러다 보니 자연히 승진이 늦어지고, 승진하지 못하는 학사들 중에 불만을 품은 이들도 생겨났어.

세종은 이러한 상황을 파악하고 집현전 학사들이 근무를 쉬면서 독서를 하게 하는 '사가 독서제'를 만들었어. 사가란 '임금이 내리는 휴가'라는 뜻이야. 처음에는 학사들을 집으로 보내 석 달쯤 쉬며 책을 읽게 하다가, 학사들이 집에서 독서하기가 쉽지 않자 조용한 절에 보내기도 했단다. 이 제도는 오늘날 대학 교수나 연구에 종사하는 사람들이 월급을 받으면서 일정 기간 휴가를 받는 유급 휴가 제도와 비슷한 거란다.

이후 성종 대에 이르러서는 지금의 서울 용산에 독서당을 만들어 사가 독서제를 정착시켰어. 중종 대에는 독서당을 금호동 산자락으로 옮겨 동호 독서당이라고 불렀어. 오늘날 한강 다리 가운데 하나인 동호대교는 동호 독서당에서 이름을 따온 거야. 참, 서울 성동구에 있는 독서당길도 독서당이 있던 곳이란다.

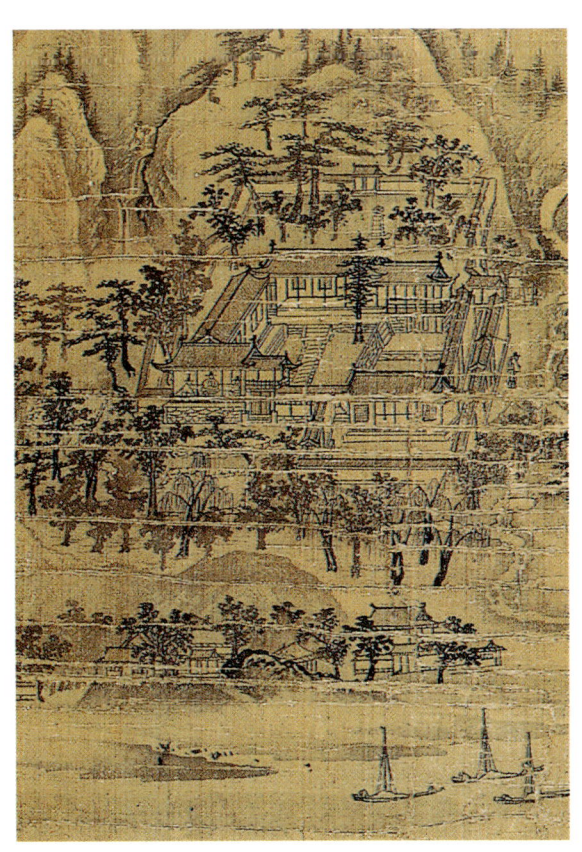

독서당계회도 1570년 무렵 한강 변에 있는 동호 독서당에서 사가 독서했던 이이와 유성룡 등 9명의 문신 모임을 그린 그림의 일부이다. 독서당 왼쪽에 선비들의 모습이 보인다. 보물 867호.

키워드 11   **농사직설과 공법**

백성의 배를 부르게 하리라

세종은 신하들에게 백성이 굶주리지 않도록 정치가들이 가장 먼저 힘써야 할 일은 농사가 잘되게 하는 것이라고 말했어. 이를 위해 우리 땅의 성질에 맞는 농사법을 연구하게 했지. 더불어 열심히 농사지은 백성이 배불리 먹을 수 있으려면 무거운 세금을 거두어서는 안 된다며 세법을 개혁했어. 새로운 세법을 시행하기 전에 백성에게 의견을 묻는 여론 조사도 여러 차례 실시했지. 이것은 우리나라 역사에서 처음으로 벌인 여론 조사였어.

【『농사직설』로 새로운 농사법을 알리다】

600년 전 이 땅의 백성은 대부분 농민이었고, '농업은 천하의 근본'이라고 할 만큼 농업은 가장 중요한 산업이었어. 농사가 풍년이 되느냐 흉년이 되느냐에 따라 한 해의 삶이 결정될 정도로 아주 중요했지. 따라서 효과적으로 씨를 뿌리고 거름을 주고 김을 매는 농사법은 더욱 중요할 수밖에 없었어.

당시 조선의 농민들은 중국에서 들여온 『농상집요』라는 농사책을 바탕으로 농사를 짓고 있었어. 그런데 조선과는 기후와 풍토가 다른 중국의 농사법을 참고해서 농사를 지으니 효과적인 생산을 기대할 수 없었지. 기후와 풍토가 다르면 농사법도 달라야 하기 때문이야.

그래서 세종은 먼저 농업이 발달한 경상도·충청도·전라도 삼남 지방의 관리들에게 그 지방의 농사법을 자세히 적어 올리게 했어. 관리들은 고을에서 농사 경험이 풍부한 농부들을 찾아가 농사짓는 방법을 자세히 듣고 이를 기록해 올렸지. 세종은 관리들이 올린 보고서를 바탕으로 집현전 학자 정초에게 조선의 풍토에 맞는 농법서를 쓰라고 명했어.

1429년, 드디어 우리 땅에 맞는 농법서인 『농사직설』이 간행되었어. 『농사직설』에는 기후와 토양, 곡식의 종류에 따라 종자를 보관하는 법, 논밭을 가는 법, 종자를 뿌리는 법, 김매는 법, 물 대는 법, 거름을 만들고 주는 법, 농기구 사용법 등을 비롯하여 벼·보리·조·밀·콩·팥·참깨 등 주요 작물의 재배법 등이 정리되어 있단다.

세종은 각 도의 감사와 지방의 수령, 그리고 도성 안의 2품 이상 관리들에게 『농사직설』을 나누어 주어 농민들에게 농사법을 가르치고 널리 보급하게 했어. 세종 또한 경복궁 후원에서 몸소 농사를 지어 『농사직설』에 쓰여 있는 내용을 확인해 보기도 했어. 『농사직설』에 적힌 농사법대로 농사를 지었더니 이전의 농사법에 따라 지은 것보다 수확량이 더 많았지. 이제 우리 땅에 맞는 농사법으로 더 많은 수확을 기대할 수 있게 된 거야.

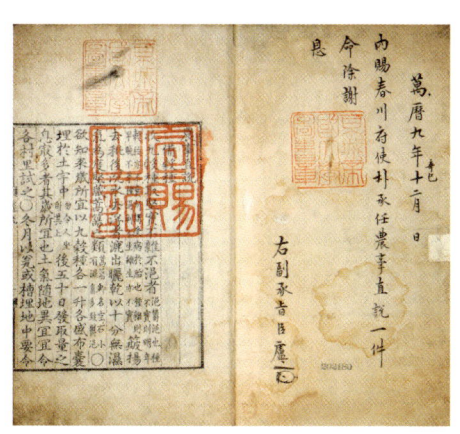

『농사직설』 조선의 기후와 토질에 맞는 농사법을 정리한 책. 이 책의 보급으로 이전보다 더 발달한 농업 기술로 농사를 지어 수확량을 늘릴 수 있었다.

써레 쟁기로 갈아 놓은 논의 흙덩이를 잘게 부수고 평평하게 고르는 데 사용하는 농기구이다.

문화와 과학을 꽃피우다

이렇게 세종은 백성을 근본으로 하는 민본 정책을 펼치기 위해서는 우리 것을 제대로 알고, 여기에 맞는 정책을 만들고, 직접 실천해야 한다는 것을 잘 알고 있었단다.

【 세법을 개혁하여 백성의 부담을 줄이다 】

세종은 직접 농사를 지으면서 백성들이 얼마나 힘들게 살아가고 있는지 알 수 있었어. 그래서 흉년이 들어 굶주리는 백성이 많다는 보고를 받으면 세금을 줄여 주거나 아예 내지 않게 해 주기도 했지. 신하들은 세금을 걷지 못하면 나라 살림을 제대로 할 수 없다며 반대했지만, 세종은 한발 더 나아가 어떻게 하면 백성들의 세금 부담을 줄일 수 있을까 고민했단다.

이전까지 조선은 과전법이라고 해서 1결당 토지세를 전체 수확량의 10분의 1에 해당하는 30말로 내게 해 왔어. 그리고 토지세를 걷기 전에 관리가 직접 논밭을 돌아보면서 수확량을 조사하여 세금을 그대로 내게 하거나 줄여 주거나 했어. 1결은 오늘날 3천 평쯤 되는 넓이란다. 교실 150개에 해당하는 꽤 넓은 땅이지.

그런데 수확량에 대한 정확한 기준이 없다 보니 관리들마다 세금을 들쭉날쭉 매기기도 하고, 어떤 관리는 부정을 저지르기도 했어. 또 농사는 하늘이 짓는 것이라고 할 만큼 농민들이 아무

홍화문 사미도 세종은 흉년이 들자 고을마다 창고에 비축하고 있던 곡식을 풀어 굶주린 백성을 구제하게 했다. 조선 시대에 창경궁 홍화문 앞에서 임금이 신하들과 함께 가난한 사람들에게 쌀을 나누어 주는 모습을 그린 그림이다.

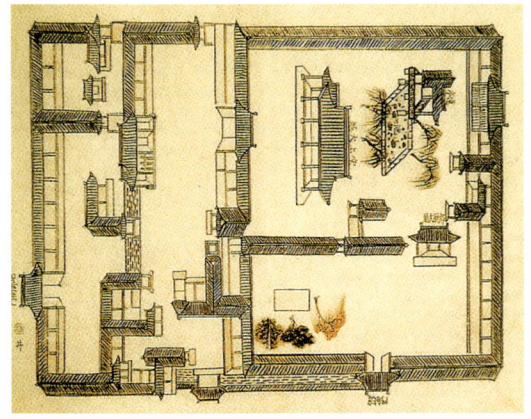

호조 관아도 호조는 나라 경제와 관계된 일을 맡아보던 관청이다. 특히 세금을 적절히 매겨 백성의 삶을 안정시키는 일이 호조의 중요한 역할이었다.

호조 현판 조선의 21대 임금 영조가 호조에 내린 지침을 적은 현판이다. '씀씀이를 절약하고 세금을 고르게 하여 백성을 사랑하라.'는 내용이 적혀 있다.

리 열심히 농사를 지어도 기후와 토질에 따라 수확량이 달랐어. 조선 8도를 다 둘러봐도 같은 곳이 없었어. 따뜻하고 땅이 기름진 전라도와 춥고 땅이 메마른 함경도에서 나는 농산물의 양은 차이가 날 수밖에 없었던 거야.

세종은 이러한 문제점을 해결하려면 새로운 세법이 필요하다고 생각했어. 백성들의 부담을 줄여 주면서도 나라 살림이 쪼들리지 않을 방법 말이야. 그런데 황희를 비롯한 신하들은 세법을 조금만 고치자고 했어. 그러자 호조에서는 토지 1결당 일정하게 10말의 세금을 내게 하는 '공법'을 시행하자고 했단다.

호조의 제안에 세종은 새로운 세법에 대한 여론 조사를 실시하라는 명을 내렸어. 백성들이 새로운 법을 어떻게 생각하는지 알고 싶었던 거야.

【 국민 투표로 백성의 의견을 묻다 】

1430년, 우리 역사에서 처음으로 전국적인 여론 조사가 실시되었어. '토지 1결당 일정하게 10말의 세금을 내는 것'에 대해 찬성과 반대를 묻는 거였어. 오늘날의 국민 투표와 비슷한 성격을 띠었다고 할 수 있지. 세종이 국민 투표를 실시한 까닭은 무엇보다 백성의 의견을 존중했기 때문이야. 아무리 좋은 제도라도 백성들이 찬성하지 않으면 시행할 수 없다는 것이지.

3월 5일부터 8월 10일까지, 무려 5개월에 걸쳐 투표가 실시되었어. 관리들이 집집마다 방문하여 의견을 물었지. 약 17만 명의 백성이 투표에 참여했는데 찬성이 9만 8천여 명, 반대가 7만 4천여 명으로 나왔어.

비록 찬성이 더 많았지만 세종은 바로 공법을 세법으로 확정하지 않았어. 반대하는 백성에게 공법의 좋은 점을 알리도록 하는 한편, 관리들과 함께 백성들이 누구나 만족할 수 있는 공법을 연구했어.

경기도 관찰사 등이 토지 1결당 10말로 똑같이 정하면 토지의 비옥도에 따라 수확물에 차이가 있다는 점을 건의하자, 세종은 토질과 기후를 고려하여 각 도를 3등급으로 나누어 세금을 내게 하자고 했어. 경상도·전라도·충청도를 상등, 경기도·강원도·황해도를 중등, 평안도·함길도(오늘날의 함경도)를 하등으로 말이야.

세종은 1437년에 시범 삼아 전라도와 경상도부터 공법을 실시했어. 1441년에는 충청도까지 넓혔어. 그리고 마침내 1444년에 공법을 '전분 6등법'과 '연분 9등법'으로 확정하고 시행하기 시작했어. 토지가 좋고 나쁨에 따라 6등급으로 나누고, 농작물이 잘되고 못 됨을 기준으로 9등급으로 나누어 세금을 내게 한 거야. 이를 기준으로 1결마다 20말에서 4말에 이르는 차

저쪽은 스무 말, 이쪽은 너 말!

세금을 매기기 위해 수확한 곡식의 양을 측정하는 모습

등 세금을 적용했어. 예를 들면 대풍년이 들었을 때 토질이 가장 좋은 땅에는 20말을 내게 하고, 대흉년이 들었을 때 토질이 가장 나쁜 땅에는 4말을 내게 한 거지.

  이렇게 제대로 된 공법을 시행하게 된 것은 국민 투표를 실시한 지 14년 만이었어. 조선은 농업이 근본이었던 만큼 토지에 대한 세금 정책은 백성들의 가장 큰 관심사였어. 이처럼 중요한 사안이었기 때문에 세종은 그토록 오랜 시간을 두고 신하와 백성들의 충분한 의견을 모은 끝에 결정을 내렸던 거야. 흔히들 왕이 모든 것을 결정한다는 선입견을 안고 있는 전제 왕권 시대에 이처럼 민주적인 의사 결정 과정을 거쳤다는 사실이 놀랍지 않니? 그래서 580년 전 이 땅에서 실시되었던 국민 투표는 세종과 그 시대를 더욱 자랑스럽게 기억하도록 한단다.

키워드 12 훈민정음

우리말을 우리글로 쓰고자 하노라

우리 민족이 만든 가장 위대한 발명품은 무엇일까? 바로 훈민정음, 곧 한글을 첫손에 꼽을 수 있을 거야. 세계적인 언어학자들도 한글을 세계에서 가장 과학적인 글자로 꼽았단다. 지구상에는 여러 민족과 나라가 있지만 자기만의 고유 언어를 가진 나라는 그리 많지 않아. 이런 점에서도 한글은 정말 자랑스러운 우리의 문화유산이지. 그런데 한글이 창제되어 나라의 공식 문자가 될 때까지는 어려움도 많았고 꽤 오랜 시간이 걸려야 했어.

【 세종이 훈민정음을 만든 까닭 】

역사는 수천 년이나 되었지만, 훈민정음을 반포하기 전까지 우리글은 없었어. 그동안 입으로는 우리말을 하고 글은 중국 글자인 한자를 빌려 쓰다 보니 여러모로 불편한 점이 많았지. 게다가 한자는 8만 자가 넘어서 글자를 익히는 데 시간이 많이 걸리고, 말의 순서도 우리와 달라서 익히기가 몹시 어려웠어.

양반들이야 경제적으로나 시간적으로 여유가 있으니 글공부에 몰두할 수 있었지만, 하루하루 먹고살기에도 빠듯한 일반 백성들은 한자를 익힐 여유가 없었어. 글자를 모르다 보니 자기 생각을 제대로 전달하기도 힘들고 나라의 법도 제대로 알 수가 없었지. 그래서 손해를 보거나, 자신이 잘못을 저지른 줄도 모른 채 감옥에 갇히는 일도 많았어.

이를 안타깝게 여긴 세종이 어느 날 신하에게 명했어.

"지금 어리석은 백성들이 법을 잘 몰라 자기들이 지은 죄가 큰지 작은지

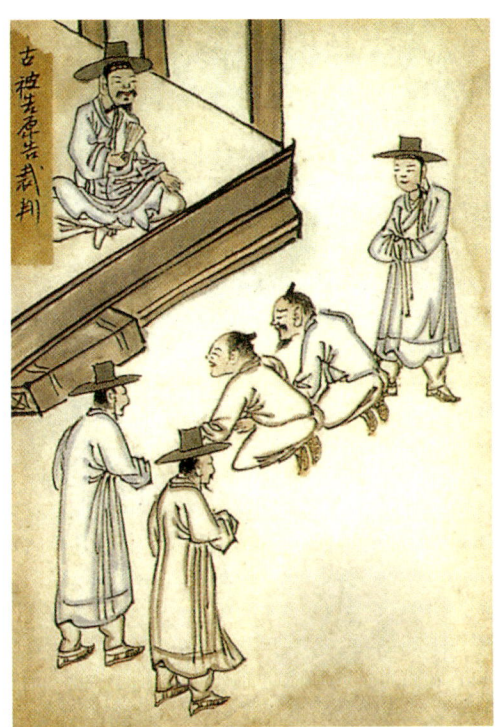

조선 시대의 재판 관아에서 원고와 피고가 재판을 받는 광경이다. 세종은 글자를 모르는 백성들이 법을 몰라 손해를 보거나 죄를 짓게 되는 일을 매우 안타깝게 여겼다.

조차 알지 못해 스스로 고칠 수 없음이 안타깝구나. 그러니 비록 백성들이 법을 다 알지는 못하더라도 크고 중요한 법 조항만이라도 뽑아 이두로 번역하여 백성들이 읽을 수 있게 하라."

이두는 신라 시대에 설총이라는 유학자가 한자의 음을 빌려 우리말 순서대로 적게끔 정리한 글자란다. 이두는 한문보다 쉽긴 했지만, 이 또한 기본적인 한자를 모르면 별 소용이 없었지.

세종은 백성들이 쉽게 글자를 익힐 수만 있다면 법을 제대로 알게 되어 범죄도 줄일 수 있고, 『삼강행실도』 같은 책을 널리 보급하여 유교 덕목을 가르치는 데에도 매우 효과적일 거라고 생각했어. 세종은 오랫동안 이 문제를 고민한 끝에 백성이 쉽게 익힐 수 있는 문자를 직접 만들기로 결심했어. 세종은 누구보다도 뛰어난 언어학자였단다.

세종은 세자 향(뒷날의 문종)에게 나랏일을 맡기고, 중국과 일본·몽골·여진·인도 등 여러 나라의 언어학책을 연구하며 새로운 글자를 만드는 데 몰두했어. 그리고 집현전을 통해 길러 낸 최항, 신숙주, 성삼문, 박팽년 같은 학자들의 도움을 받아 1443년 12월, 드디어 우리 글자를 창제했단다.

훈민정음은 자음 17개와 모음 11개로 이루어졌어. 기본 자음인 ㄱ, ㄴ, ㅁ, ㅅ, ㅇ은 사람의 발음 기관 모양을 본떠 만든 것이고, 기본 모음인 ·,

자음 글자를 만든 원리

어금닛소리 ㄱ
혀 뒤쪽이 어금니에 닿을 때 나는 소리로, 혀 뒤쪽이 목젖 가까이 붙는 모양을 본뜬 글자.

혓소리 ㄴ
혀끝이 윗니 안쪽에 붙을 때 나는 소리로, 그 모양을 본뜬 글자.

입술소리 ㅁ
아래위 입술이 붙었다 떨어지면서 나는 소리로, 입 모양을 본뜬 글자.

잇소리 ㅅ
혀끝과 윗니 사이를 좁혀서 내는 소리로, 그 모양을 본뜬 글자.

목구멍소리 ㅇ
소리가 거의 없는 글자로, 둥근 목구멍의 모양을 본뜬 글자.

ㅡ, ㅣ는 세상의 세 가지 근원인 삼재(하늘, 땅, 사람)에서 따 온 거야. 훈민정음은 우리말을 소리 나는 대로 쓸 수 있어서 글자마다 뜻을 알아야 하는 한자보다 익히기가 훨씬 쉬웠어.

세종은 훈민정음으로 많은 백성이 문자의 혜택을 누릴 수 있을 거라고 기대했어. 『용비어천가』 같은 시가와 갖가지 경서를 한글로 번역하여 일반 백성에게 널리 읽어 보게 했는데, 대체로 반응이 좋은 것으로 확인되었거든. 이에 세종은 훈민정음을 전파할 뜻을 확고히 하게 되었어.

드디어 1446년 9월, 세종은 우리글 훈민정음을 반포했어. 훈민정음(訓民正音)은 '백성을 가르치는(訓民) 바른 소리(正音)'라는 뜻이란다. 세종이 훈민정음을 만든 까닭은 『훈민정음』을 펴내면서 쓴 머리말에 잘 나타나 있어.

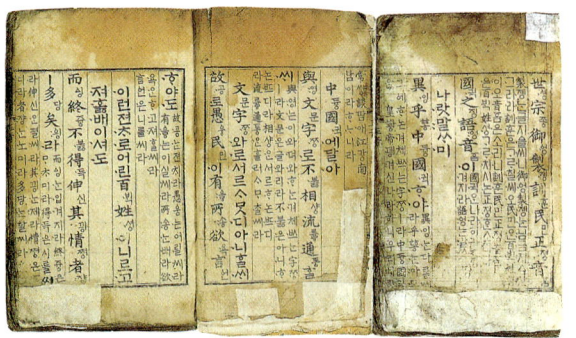

『훈민정음』 언해본 한자로 쓰여진 『훈민정음』을 한글로 옮긴 한글본이다. 서문에 세종이 훈민정음을 만든 까닭과 목적이 실려 있다.

나라 말씀이 중국과 달라 어리석은 백성들이 말하고 싶은 것이 있어도 제 뜻을 펴지 못하는 때가 많다. 내가 이를 불쌍하게 여겨 새로 스물여덟 글자를 만드니, 사람마다 쉽게 익혀 생활에 편리하게 쓰도록 하라.

이 글에는 세종의 자주 정신과 함께 애민 정신, 실용 정신이 잘 녹아 있어. 곧 세종은 중국 글자인 한자를 빌려 쓰지 않고 백성들 누구나 쉽게 익혀서 쓸 수 있는 실용적인 글자를 만들었던 거야. 이렇게 새로운 글자를 만든 까닭까지 밝혀 놓은 머리말 덕분에 훈민정음은 더 가치가 크단다. 한자나 알파벳 문자에서 무엇 때문에 그 글자를 만든다는 명확한 목적이 적힌 것을 본 적 있니? 그만큼 훈민정음은 목적이 분명한 발명품이란다.

【신하들이 훈민정음 반포를 반대하다】

세종은 훈민정음을 정식으로 반포하기 전에 집현전 학사들에게 중국의 운서인 『고금운회거요』를 한글로 번역하게 했어. '운서'란 한시의 운율을 맞추기 위해서 쓰는 글자를 정리해 놓은 책이야. 이 무렵만 해도 한자음이 통일되어 있지 않아 똑같은 글자를 놓고도 여러 가지로 발음해 혼란을 일으킬 때가 많았거든. 예를 들면 하늘 '천(天)' 자를 '쳔'이나 '텬', '첸' 등으로 다르게 발음했던 거야.

그런데 이 소식이 알려지자 많은 집현전 학사들이 훈민정음 반포를 반대하고 나섰어. 이 가운데 가장 대표적인 사람이 집현전 부제학 최만리였어. 최만리는 훈민정음 반포에 반대하는 이유를 조목조목 정리해 세종에게 올렸단다. 최만리는 훈민정음을 반대하는 가장 큰 이유로, 이제껏 중국의 제도와 문물을 받아들여 왔던 조선이 독자적인 말과 글을 쓰게 되면 큰 나라를 섬기는 도리에 어긋난다는 점을 들었어. 그리고 이미 신라 시대에 설총이 만든 이두가 있으니, 이것을 쓰면 훈민정음은 필요 없다는 거야. 게다가 훈민정음은 새롭고 기이한 잔재주에 지나지 않는다고까지 했어.

　세종은 최만리와 김문 등 상소문에 서명한 학사들을 불러 설득했어. 하지만 최만리 등은 반대 의견을 굽히지 않았지. 세종은 이들이 중국만 생각하고 조선의 백성은 전혀 생각하지 않는 것에 화가 났어. 더구나 김문은 처음에는 훈민정음이 좋다고 했다가 반대하는 무리에 끼어 말을 바꾸니 더욱 괘씸했지. 세종은 이들을 의금부에 가두었다가 이튿날 풀어 주었어. 다만 세종에게 속된 선비라고 꾸지람을 들은 정창손은 벼슬자리에서 쫓겨나고, 김문은 매를 100대 맞았어. 최만리는 벼슬살이를 그만두고 고향으로 내려갔고.

　세종이 신하들의 의견을 이렇게까지 강력하게 물리친 적은 없었어. 그만큼 훈민정음에 대한 의지가 확고했던 거야. 세종의 강력한 의지가 없었다면 우리는 아직도 한자를 쓰고 있을지 몰라.

【 훈민정음을 널리 보급하다 】

세종은 그 뒤 여러 학자와 대신들에게 훈민정음을 시험 삼아 사용해 보게 하고, 훈민정음을 널리 보급하기 위해 다양한 책을 펴내게 했어. 뛰어난 언어학자인 정인지, 신숙주를 비롯해 성삼문, 최항, 박팽년, 이선로, 이개 등 집현전 학사들이 세종을 열심히 도왔어.

　세종은 정인지, 권제, 안지에게 훈민정음으로 선조들을 찬양하는 『용비어천가』를 짓게 했어. 조선 왕조가 새로 나라를 세운 것은 하늘의 뜻이었다는 점을 백성에게 널리 알리기 위해서였지.

　세종은 또 집현전 학사들에게 이전에 나온 『삼강행실도』를 훈민정음으로 해설하게 했어. 한문으로 쓰여진 『삼강행실도』에 훈민정음으로 해설을 달

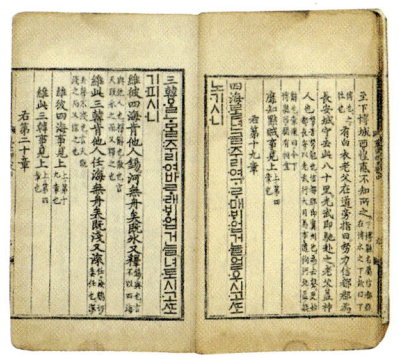
『용비어천가』(보물 1463호)

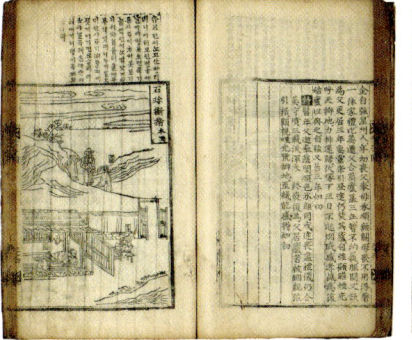
『삼강행실도 언해』

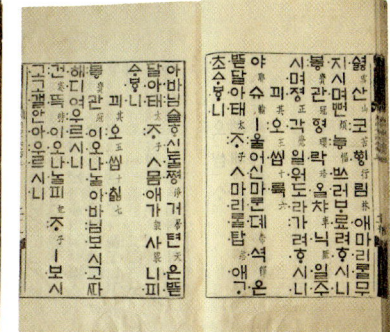
『월인천강지곡』(보물 398호)

한글 금속 활자 훈민정음을 반포한 이후 백성들이 쉽게 이해할 수 있도록 한문본을 한글로 해설한 책들이 속속 간행되었다. 이에 따라 한글 금속 활자도 많이 개발되어 다양한 계층의 사람들이 한글을 익히는 데 큰 역할을 했다. 『월인천강지곡』은 세종이 왕비 소헌 왕후의 명복을 비는 뜻에서 지은 찬불가로, 한글 금속 활자로 찍은 최초의 책이다.

아서 한자를 모르는 백성들에게 쉽게 유교 도덕을 가르치려 한 거야.

그리고 한자 발음을 우리 현실에 맞게 바로잡아 통일된 표준음을 정하기 위해 『동국정운』과 『홍무정운역해』를 편찬하게 했어. 『동국정운』 서문에는 우리나라의 풍토와 기후가 중국과 달라 소리와 말이 서로 같을 수 없다는 주체적인 입장이 분명하게 나타나 있단다.

이 밖에도 세종은 정음청을 설치해 훈민정음과 관련된 일을 맡게 했고, 정인지 등을 시켜 훈민정음 해설서를 만들어 보급하게 했어. 또 죄수들의 조서나 판결문, 왕이 내리는 교서도 백성들이 쉽게 알 수 있도록 한자와 한글을 함께 쓰게 했어. 관청에서는 훈민정음으로 방을 써 붙여 백성들이 내용을 쉽게 알아볼 수 있도록 했지. 하급 관리의 시험 과목에도 훈민정음 사

한글

한글은 '언문(천한 글)' 또는 '암글(여자들의 문자)'이라 불리며 천대받았다. 처음에는 주로 일반 백성과 궁중이나 민가의 부녀자들이 쓰다가 점차 양반과 임금도 사용하게 되었다.

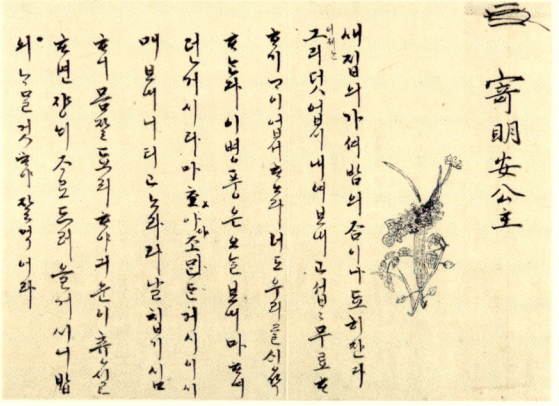

현종의 한글 편지 조선의 18대 임금 현종이 각별히 아끼던 셋째 딸 명안 공주에게 쓴 안부 편지이다. 보물 1220호.

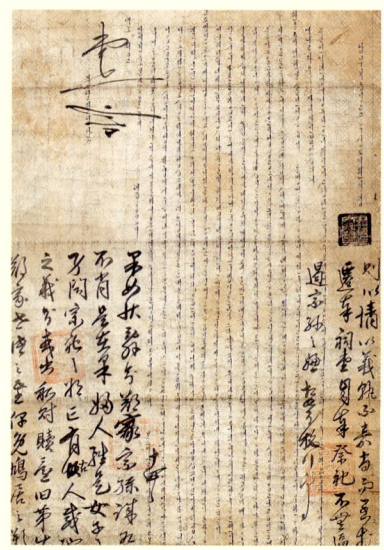

정씨 부인이 올린 한글 상소

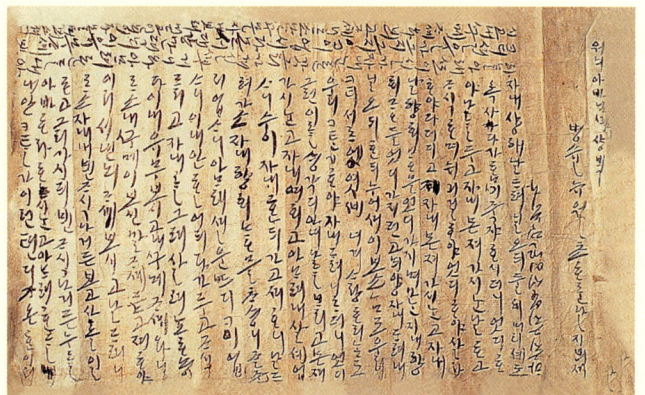

이응태 부인의 한글 편지 조선 중기의 양반 이응태의 아내가 31세에 죽은 남편의 관 속에 넣은 한글 편지이다. 남편에 대한 애틋한 마음을 절절하게 표현했다.

인목 왕후의 한글 편지 조선의 14대 임금 선조의 두 번째 왕비 인목 왕후가 쓴 병문안 편지이다.

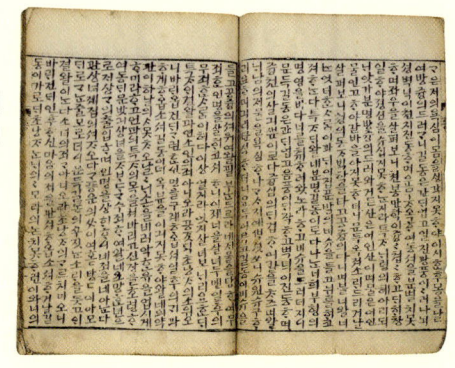

『홍길동전』 조선 중기의 문신 허균이 지은 최초의 한글 소설이다.

한글이 새겨진 백자 제기 한글은 백자와 놋그릇, 보자기, 나무 소반 같은 일상용품에도 널리 쓰였다.

용법을 두어 자연스럽게 훈민정음을 배우게 했단다.

이러한 노력에 힘입어 훈민정음은 서서히 백성들 사이에 퍼져 갔어. 훈민정음은 궁궐과 민가의 여자들, 그리고 서민 남자들 사이에서 주로 많이 쓰였는데, 점차 일반 백성뿐 아니라 양반과 임금도 사용하게 되었단다.

백성들은 관리들이 잘못을 저지르면 훈민정음으로 벽보를 써서 자신들의 의사를 나타내기도 했어. 오늘날로 치면 인터넷에 이름을 밝히지 않고 자기 의견을 올릴 수 있게 된 것과 마찬가지라고 할 수 있지.

그런데 이를 못마땅하게 여긴 왕이 있었어. 연산군은 자신을 비판하는 글들이 나돌자 훈민정음을 쓰지 못하게 대대적으로 탄압했어. 반대로, 한자로는 표현하기 힘든 우리말을 아주 적절하게 사용하여 자신의 생각을 전한 임금도 있었지. 정조는 심환지라는 신하에게 비밀 편지를 쓰면서 '뒤죽박죽'이라는 말을 훈민정음으로 표기하여 자신의 마음을 표현하기도 했단다.

조선 중기 이후 양반 문화가 팽배하면서 훈민정음은 천박한 글이라며 천대받기도 했어. 양반 출신 학자들은 대부분 한자만을 썼어. 양반들이 훈민정음을 쓰는 경우는 한자를 잘 모르는 부인이나 딸, 여자 친척과 편지를 주고받을 때였지.

훈민정음은 양반보다는 일반 백성과 궁궐이나 민가의 부녀자들에 의해 그 전통을 이어 갈 수 있었어. 조선 후기에는 『춘향전』이나 『흥부전』 같은 한글 소설이 유행했는데, 이 책들도 주로 여성 독자층에게 사랑받았단다.

1894년 갑오개혁 이후에야 드디어 한글은 한자를 대신해 나라의 공식 문자로 쓰이게 되었어. 그리고 세상에 나온 지 470년이 흐른 뒤에는 훈민정음이 아닌 '한글'이라는 이름을 얻었지. 1913년 국어학자 주시경 선생이 '위대하고 하나밖에 없다.'는 뜻에서 붙인 이름이란다.

키워드 13 **측우기**

과학의 꽃을 피우다

조선은 농업 국가인 만큼 농업 생산력을 높이기 위해서는 무엇보다 농시(농사철)를 제대로 아는 게 중요했어. 아무리 좋은 종자가 있어도 씨 뿌릴 적절한 시기를 놓쳐 버리면 풍년을 기대할 수 없기 때문이야. 농시의 중요성은 측우기를 비롯하여 여러 가지 천문 관측기구의 발명으로 이어졌고, 이를 위해 신분을 뛰어넘은 파격적인 인재 등용이 이루어졌어. 덕분에 세종 시대는 과학의 시대라고 할 만큼 과학이 눈부시게 발달했단다.

【문종이 측우기를 발명하다】

봄 가뭄이 심한 우리나라 기후에서는 강우량과 관개수를 어떻게 활용하느냐에 따라 한 해의 농사 결과가 달라졌어. 특히 논농사가 많은 곳은 강우량의 관찰이 꼭 필요했지. 벼는 물에 잠기게 해서 키워야 하는데, 논에 물이 없으면 벼농사를 제대로 지을 수 없을 테니 말이야.

세종은 각 고을의 수령들에게 강우량을 측정해 보고하라고 지시했어. 이 무렵에는 비가 그친 뒤 땅을 파서 빗물이 얼마나 스며들었는지를 재어 강우량을 측정했어. 그런데 땅의 성질에 따라서 빗물이 스며드는 정도도 다르고, 시간이 얼마나 흐른 뒤 재느냐에 따라 강우량이 다를 수밖에 없었지.

그런데 세종이 강우량을 측정하라고 지시한 지 14년이나 지나도록 모두들 강우량을 제대로 측정할 수 있는 뾰족한 방법을 찾지 못했어. 세자인 향(문종)도 어떻게 하면 강우량을 정확하게 잴 수 있을지 고민하고 있었지.

그러던 어느 날 세자에게 좋은 방법이 퍼뜩 떠올랐어.

"옳거니! 구리로 만든 그릇에 빗물을 받아서 물이 고인 깊이를 재면 비가 얼마나 내렸는지 간단히 알 수 있지 않을까?"

세자의 생각은 곧 실행에 옮겨져 1441년 드디어 비의 양을 잴 수 있는 측우기가 만들어졌어. 세종은 세자가 발명한 측우기를 여러 개 만들어 관상감(오늘날의 기상청과 같은 관청)과 각 도에 보내 강우량을 측정하게 했지.

흔히들 측우기를 장영실이 발명한 것으로 알고 있는데 사실이 아니란다. 『세종실록』 1441년 5월 28일의 기록을 보면, "세자가 가뭄을 걱정하여 비가 올 때마다 비 온 뒤에 땅을 파서 비가 스며들어 간 깊이를 재었으나, 정확하게 잴 수가 없으므로 구리로 만든 원통형 기구를 궁중에 설치해 여기에 고인 빗물의 양을 재었다."고 돼 있어. 그러니까 측우기는 문종이 세자 시절에 고안해 냈다는 거지. 또 세자는 뒷날 왕위에 올라 이런 말도 했어.

"내가 일찍이 때마다 내리는 비를 관찰했더니 1월에는 겨우내 언 것을 녹이는 비가 있고, 2월에는 풀과 나무를 피어나게 하는 비가 있고, 3월에는 씨 뿌리기를 하게 하는 비가 있고, 4월에는 싹이 돋아나게 하는 비가 있었다. 그 중간 중간에는 비록 비의 양이나 비 오는 시기가 고르지 못함이 있어도 절기를 아주 잃어버리는 해는 한 번도 없었다."

문종은 이처럼 비의 특성을 잘 알고 있었어. 오랫동안 비를 관찰하며 제대로 강우량을 재려고 했던 문종의 노력이 고스란히 전해지는 대목이지.

금영 측우기(보물 561호)

측우기 대나무로 만든 자로 측우기에 고인 물의 깊이를 쟀다. 측우기는 세종 이후에도 여러 차례 다시 만들어졌지만, 현재 남아 있는 것은 1837년에 만든 금영 측우기가 유일하다.

【 천재 과학자 장영실을 등용하다 】

세종은 실력 있는 사람이면 신분이 아무리 낮아도 벼슬을 주어 일할 수 있게 했어. 그중 가장 대표적인 사람이 이순지, 이천과 함께 조선 시대 최고 과학자로 꼽히는 장영실이란다. 장영실은 신분이 가장 낮은 천민이어서 관리가 된다는 것은 꿈에도 생각할 수 없는 처지였어.

장영실은 원나라 사람으로 조선에 귀화한 아버지와 경상도 동래현 관청에 속한 기생 어머니 사이에서 태어났어. 어머니의 신분을 따르던 법에 따라 장영실 또한 관청 노비로 지냈지. 하지만 누구보다 손재주가 뛰어났던 장영실은 관찰사의 눈에 띄어 궁궐 기술자로 들어가게 되었어.

세종은 장영실의 뛰어난 솜씨를 아껴 중국으로 유학까지 보내 천문 기구를 배워 오게 했어. 이듬해에 중국 유학을 마치고 돌아온 장영실은 물시계를 만드는 일에 매달렸어. 세종은 장영실이 자신이 펼쳐 나갈 과학 정책에 꼭 필요한 사람이라고 판단했어. 그래서 여러 대신들의 반대를 물리치고 장영실에게 상의원 별좌라는 관직까지 내려 주어 마음껏 일하게 했지. 노비 신분에서 풀어 준 건 물론이야.

장영실은 10년 가까이 물시계 제작에 매달린 끝에 1434년 마침내 자동으로 시각을 알려 주는 물시계인 자격루를 발명했어. 해시계는 날이 흐리거나 밤이 되면 쓸 수가 없어. 또 삼국 시대부터 물시계가 있었지만, 사람이 꼼짝 않고 지키고 있다가 일정한 시각이 되면 종을 쳐서 수동으로 시각을 알리는 것이었어. 자격루는 그런 불편함을 덜어 주는 물시계였지.

자격루는 자동 시보 장치가 있어서 종과 북과 징이 자동으로 울리는 동시에 목각 인형이 튀어나와 시간을 알렸어. 자격루라는 이름 그대로 '자동으로 시간을 알려 주는 물시계'였던 거야. 일종의 자명종 시계였던 셈이지. 자격루를 처음 본 사람들은 움직임이 귀신같다며 입을 다물지 못했다고 해.

《자격루》

자격루는 크게 3개의 물 항아리와 2개의 긴 물받이 통, 그 안에 띄운 잣대로 시간을 측정하는 '물시계' 부분과, 물시계로 측정한 시간을 종·북·징 소리로 알려 주는 '자동 시보 장치' 부분으로 이루어져 있다. 자동 시보 장치에서는 시·경·점에 따라 각각 종·북·징 소리가 울리고, 시각이 적힌 팻말을 든 목각 인형이 튀어나와 시간을 알려 준다.

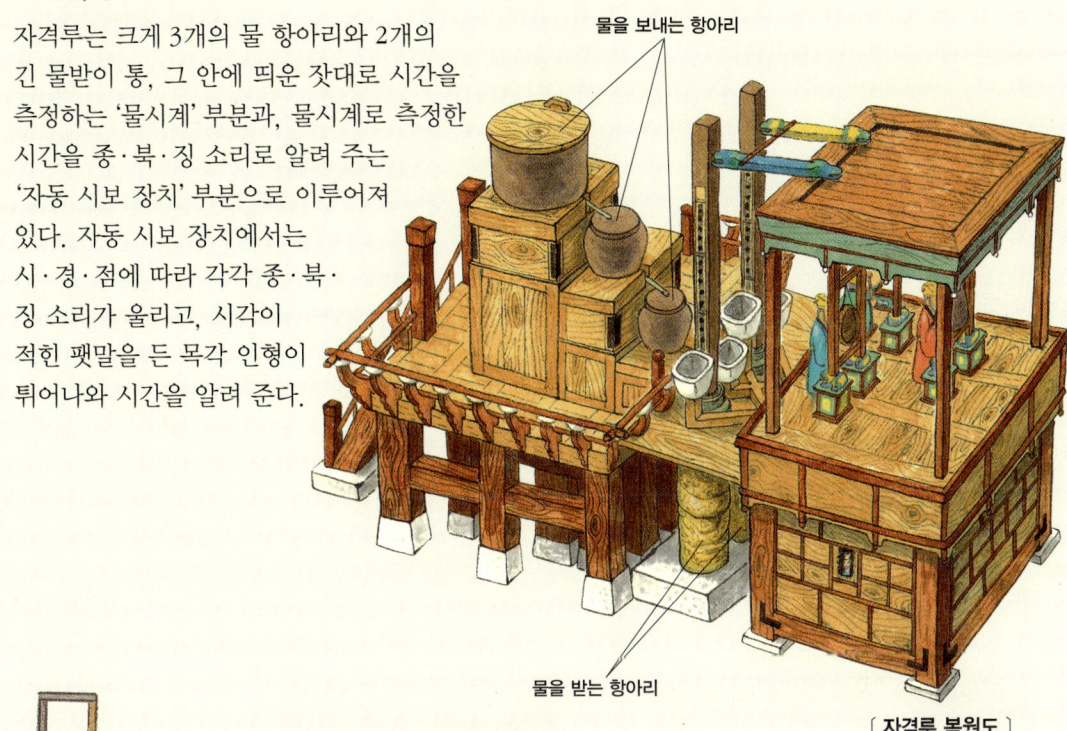

[자격루 복원도]

【 자격루의 작동 원리 】

❶ 물 항아리의 물이 긴 물받이 통으로 흘러들어 가면 잣대가 점점 위로 올라간다.

❷ 잣대가 나무 기둥의 여닫이 기구를 젖혀 주면 기구 위에 있던 작은 구슬이 떨어진다.

❸ 작은 구슬이 떨어지면서 큰 구슬을 건드려 지렛대 위로 떨어뜨린다.

❹ 지렛대의 원리에 의해 한쪽 끝이 올라가 목각 인형의 팔뚝을 건드려 종을 치게 한다.

❺ 큰 구슬이 아래에 있는 지렛대로 계속 떨어지면서 한쪽 끝을 들어올린다.

❻ ❺의 반동으로 시각이 적힌 패를 들고 있는 목각 인형이 튀어올라 시각을 알려 준다.

장영실은 자격루 말고도 천문 관측기구인 간의와 혼천의, 해시계인 앙부일구를 비롯한 갖가지 시계, 그리고 절기를 측정할 수 있는 규표, 강물의 깊이를 잴 수 있는 수표 등 수많은 과학 기기를 만들었어. 세종 시대에 만들어진 천문 관측기구와 과학 기기 중에서 장영실의 손을 거치지 않은 것이 거의 없을 만큼 장영실은 조선의 과학이 꽃피는 데 큰 역할을 했지.

장영실은 세종의 명을 받들어 일했던 20여 년 동안 노비에서 대호군이라는 무관 벼슬까지 올랐어. 신분 차별이 엄격했던 조선 사회에서 노비 출신이 오늘날 중장 계급에 해당하는 높은 자리까지 올랐다는 것은 아주 파격적인 일이었지. 그만큼 장영실은 신분에 관계없이 최고의 인재를 등용하는 세종의 정치 철학에 꼭 맞아떨어지는 인물이었단다.

수표 강이나 개천 등의 물 높이를 재기 위해 만든 돌기둥이다. 돌기둥의 앞면과 뒷면에 1척에서 10척까지 눈금을 새기고, 3척, 6척, 9척 눈금에는 구멍을 뚫어 놓아 멀리서도 물 높이를 알아볼 수 있게 했다. 3척이면 물이 적고, 6척이면 보통, 9척이면 홍수의 위험이 있음을 알려 준다. 보물 838호.

수표교 장마철에 물의 깊이를 측정하여 홍수에 대비하는 역할을 했다. 수표교는 원래 청계천에 있었는데, 1959년 청계천 복개 공사를 하면서 서울 장충단 공원 입구로 옮겼다.

【 조선의 역법을 만들다 】

세종이 왕위에 오른 지 4년째 되던 해인 1422년 1월 1일, 세종과 신하들은 해가 나오기를 빌기 위해 소복을 입고 경복궁 근정전 뜰에 모였어. 당시 하늘을 관측하던 서운관의 관리들이 예보하기를, 이날 달이 태양을 가리는 일식이 일어날 거라고 했기 때문이야.

이 무렵 백성들은 일식과 월식이 일어나서 해나 달이 없어지는 것은 하늘이 임금에게 벌을 내리는 것이라고 믿었어. 그래서 일식이 일어나면 임금은 빨리 해가 나오게 해 달라고 빌었단다.

그런데 이날 일식은 예상보다 15분이나 늦게 일어났어. 물론 예보를 맡은 서운관 담당자는 임금을 추위에 떨게 했다는 죄로 곤장을 맞았지.

그때부터 꼭 10년 뒤인 1432년 1월 1일, 이번에도 일식이 일어난다는 예보에 따라 세종과 신하들은 근정전 뜰에 모였지만, 끝내 일식은 일어나지 않았어. 세종은 일식을 예측했던 신하들을 불렀어. 신하들은 '이제 죽었구나!' 하며 떨었지. 하지만 세종은 신하들에게 벌을 내리지 않고 무엇이 잘못됐는지 파악하여 보고하도록 했단다.

왜 이런 일이 벌어진 걸까? 바로 달력 때문이야. 이때는 중국의 명나라가 스스로를 천하의 중심이라 여기고 주변 나라에 강력한 영향을 끼치고 있었어. 명나라는 하늘의 뜻을 받은 중국의 황제만이 하늘을 관측할 수 있고 달력을 만들 수 있다며 다른 나라는 만들지 못하게 했지. 그래서 조선을 비롯한 여러 나라에서는 1년에 한 번 명나라에 사신을 보내 대통력이라는 달력을 가져다 써야 했단다.

그런데 명나라 달력은 중국의 역법을 바탕으로 만들어진 것이기 때문에 조선의 역법 체계와는 맞지 않은 부분이 많았어. 역법이란 하늘에 떠 있는 해, 달, 별들의 움직임을 살펴서 시간의 흐름을 알아내는 방법을 말해. 우

리 조상들은 달을 기준으로 만든 태음력을 썼어. 오늘날 우리가 쓰는 달력은 해를 기준으로 만든 태양력이야. 그러니까 역법은 한마디로 달력 만드는 법이라고 할 수 있지.

중국의 역법은 중국의 수도인 북경을 기준으로 위도와 경도를 측정한 것이기 때문에 조선의 한양과 차이가 났어. 그러다 보니 절기라든가 해가 뜨고 지는 시각이 다를 수밖에 없던 거고.

세종은 정초와 이순지 등에게 명해 천문과 수학에 뛰어난 사람들을 모아서 중국의 수시력과 대통력을 비롯해 천문학이 발달한 아라비아의 회회력 같은 역법을 연구하게 했어. 그리고 천재 과학자 이천과 장영실 등에게는 천체 관측기구들을 만들라고 명했지.

이렇게 해서 간의, 혼천의 같은 천문 관측기구가 만들어졌어. 세종은 경복궁 경회루 북쪽에 돌로 쌓은 간의대를 설치하여 서운관의 관리들이 날마다 밤하늘을 관측할 수 있게 했단다. 정밀한 천문 관측기구를 이용해 한양의 위도도 제대로 잴 수 있게 되었지. 그리고 마침내 『칠정산』이라는 우리만의 독자적인 천문 역법서를 만들었어. '칠정'은 해·달·화성·수성·목성·금성·토성을 말해. 그러니까 『칠정산』에는 한양을 기준으로 칠정의 위치를 계산하는 방법이 들어 있는 거야. 『칠정산』은 내편과 외편으로 나뉘어 있는데 내편은 중국의 수시력을, 외편은 아라비아의 회회력을 연구해 만든 거란다.

세종은 시간을 정확하게 재기 위해 여러 가지 시계도 만들게 했어. 해의 그림자로 시간을 알려 주는 앙부일구가 혜정교와 종묘 남쪽 거리에 설치되어 일반 백성들이 볼 수 있는 공중 시계 역할을 했어. 또 자격루를 경복궁의 남쪽인 보루각에 설치해 조선의 표준 시계로 이용했어.

이 밖에도 휴대용 해시계인 천평일구, 현주일구, 정남일구도 만들었어. 낮 시간뿐 아니라 밤 시간도 잴 수 있는 해시계 겸 별시계인 일성정시의도 만들었지. 이 시계는 주로 국경 지역에서 사용했단다.

세종 시대에는 이렇게 조선을 '시계 왕국'이라고 불러도 좋을 만큼 다양한 시계들이 발명되었어. 이 시계들은 절기와 시각을 정확하게 알려 주어 농업이 발달하고 백성들의 삶이 나아지는 데 큰 역할을 했지. 세종은 결코 다른 나라의 것을 배척하지 않으면서도 중국과는 다른 조선의 자주성을 강조했어. 당시 세계의 중심이었던 중국의 선진 문물을 배우면서도 우리 것에 대한 주체성을 잃지 않았던 거야. 세종 시대에 꽃핀 과학은 조선이 자주적인 민족 문화를 일구어 가는 데 큰 원동력이 되었단다.

문화와 과학을 꽃피우다

세종 시대의 과학 기기

과학과 기술을 크게 장려한 세종 시대에는 측우기, 혼천의, 자격루 등 수많은 과학 기기가 발명되었다. 과학의 발달로 농업 생산력도 크게 늘어나 백성들의 삶이 나아지는 데 큰 몫을 했다.

간의 천체의 움직임을 관찰하는 천문 관측기구로, 세종 때 경복궁에 설치하여 날마다 밤하늘을 관측하게 했다.

소간의 간의보다 작고, 쉽게 이동할 수 있도록 간편하게 만든 천문 관측기구이다. 천체의 위치뿐만 아니라 낮과 밤의 시각도 측정할 수 있게 했다.

혼상 하늘에 보이는 별들의 위치 그대로를 둥근 표면에 표시한 천문 기구이다. 별자리를 관찰해 계절의 변화와 시간의 흐름을 측정했다.

혼천의 천체의 운행과 그 위치를 측정하는 천문 관측기구로, 천문 시계 구실을 했다.

규표 그림자의 길이로 1년의 길이가 몇 날인지와 24절기를 정확하게 측정하기 위해 만든 해시계이다. 청동으로 만든 용 기둥의 그림자가 돌로 만든 대 위에 떨어지면 그 길이를 쟀다. 세종 때에는 용 기둥의 높이가 8미터가 넘었다고 한다.

자격루 세종 때 경복궁의 남쪽인 보루각에 설치되어 표준 시계 역할을 했다. 지금 덕수궁에 남아 있는 보루각 자격루는 중종 때 만든 것으로, 자동 시보 장치 부분이 없고 물 항아리와 물받이 통으로 이루어진 물시계 부분만 남아 있다.

일성정시의 해시계와 별시계의 기능이 합쳐진 천문 기기이다. 낮에는 태양, 밤에는 별의 위치를 관측해서 시각을 측정했다.

천평일구 군사들이 이동할 때 쓰던 휴대용 해시계이다. 햇빛 때문에 둥근 시반면 위에 만들어지는 실 그림자로 시각을 알 수 있게 했다.

앙부일구 가마솥 모양의 오목한 해시계로, 백성들이 많이 다니는 곳에 설치해 공중 시계 구실을 했다. 국립고궁박물관 소장. 보물 845호.

정남일구 휴대용 해시계의 하나이다. 지남침이 없어도 남쪽 방향을 결정하여 시각을 측정할 수 있게 했다.

현주일구 크기가 어른의 손바닥만 한 휴대용 해시계이다.

*앙부일구를 제외한 과학 기기는 모두 복원품으로, 경기도 여주의 세종대왕유적관리소에 전시되어 있다.

키워드 14 **4군 6진**

조선의 힘을 알리다

조선은 명나라를 비롯한 일본, 여진 등 주변 나라들과 다양한 형태로 외교 관계를 맺으며 자리를 잡아 갔어. 그리고 건국 초의 혼란에서 벗어나 안정을 찾자 영토를 넓히는 데 힘을 기울였어. 고려 말부터 침입이 잦았던 왜구를 토벌하고, 북쪽의 국경 지역을 시끄럽게 하던 여진족을 정벌해 영토를 넓혀 나갔지. 압록강과 두만강 주변에는 4군 6진을 설치하여 조선의 국경선을 확정했단다.

【 조선의 대외 정책, 사대교린 】

조선이 세워질 무렵 중국에서는 새로이 등장한 명나라가 조선에 조공 관계를 요구해 왔어. 조선은 중국의 제후국이니 예의를 갖춰 명나라에 정기적으로 여러 가지 물건을 바치라는 거야. 이러한 요구에 조선은 명나라로 사신을 보냈어. 사신 행렬을 따라가는 사람들 가운데는 상인들도 있었지. 이들은 조선에서 생산되는 물건을 명나라에 팔아 이윤을 남기기도 했어. 이것을 '조공 무역'이라고 한단다.

　조선은 땅이 넓고 물자가 풍부한 명나라를 좋은 무역 상대국으로 여겼어. 명나라는 세계 여러 나라와 접촉하여 과학 기술이 발달한 선진국이었거든. 그리고 조선의 지배 이념인 성리학이 중국에서 전해진 것도 무시할 수가 없었어. 그래서 조선은 명나라에 사신을 보내 조공을 바치며 제후국의 예의를 다했어. 이런 정책을 '사대'라고 한단다.

　조선은 명나라에는 사대 정책을 폈지만, 일본이나 유구(오키나와), 여진, 남만(필리핀) 등에는 '교린' 정책을 폈어. 교린이란 나라끼리 서로 사귄다는

108

뜻으로, 조선은 명나라를 뺀 다른 나라와는 대등한 처지에서 교류했어. 그리고 중국이 주변 나라와 조공 관계를 통한 조공 무역을 했듯이 조선도 이들 나라와 조공 관계를 맺고 조공 무역 형태로 무역 활동을 했지.

【 이종무의 쓰시마 섬 정벌로 왜구를 물리치다 】

고려 때부터 들끓었던 왜구는 조선이 건국되고 나서도 조선 해안에 자주 나타나 백성을 해치고 재물을 약탈해 갔어. 왜구의 본거지인 쓰시마 섬(대마도)은 땅이 메말라 농사짓기가 힘들었어. 그래서 일본의 해적 집단인 왜구는 조선과 조공 무역을 하며 식량을 마련했단다. 또 조선과 일본 사이에서 중개 무역을 하기도 했지.

그런데 왜구는 세종이 즉위하던 해에 조선의 충청도와 황해도를 침입했어. 큰 흉년으로 식량이 떨어지자 중국 연안까지 진출하려다가 중간에 식량을 구하기 위해 조선 해안을 약탈한 거였어. 세종에게 왕위를 물려주긴 했지만 아직 군사권을 갖고 있던 태종이 왜구를 토벌하라는 명령을 내렸지.

쓰시마 섬을 정벌하는 데 총지휘관으로 임명된 이종무는 1419년, 1만 7천 명의 병력과 병선 227척을 이끌고 군사 기지인 거제도를 출발하여 쓰시마 섬으로 향했어. 거제도에서 쓰시마 섬까지는 약 50킬로미터로, 맑은 날에는 부산 앞바다에서도 보일 만큼 가깝단다.

중국 연안을 습격한 왜구를 묘사한 그림

문화와 과학을 꽃피우다

이종무는 쓰시마 섬에 도착하자마자 왜구 소탕 작전을 펼쳤어. 쓰시마 섬 곳곳을 누비며 왜구를 찾아내 목을 베고 집을 불태웠지. 그러다가 숨어 있던 왜구에게 기습당해 180명의 부하가 죽고 말아. 부하를 잃은 이종무는 이번 싸움이 장기전이 될 거라고 예상했어.

그런데 조선군의 장기전 준비를 눈치챈 쓰시마 도주에게서 조선이 군사를 철수하면 조선을 약탈하지 않겠다는 편지가 왔어. 이종무는 속으로 태풍이 닥쳐올까 봐 걱정하고 있던 참이었어. 그래서 못 이기는 척하며 왜구에게 잡혀갔던 조선 백성들을 데리고 거제도로 돌아왔지.

그 뒤 쓰시마 도주가 평화로운 무역 관계를 간청해 오자 조선은 부산포·제포(진해)·염포(울산)의 삼포를 개항해 무역을 할 수 있게 했단다.

【 4군 6진을 개척하여 영토를 넓히다 】

조선이 교린 정책을 펼쳤던 여진은 척박한 땅에 살아 부족한 식량과 생필품을 조선과 조공 무역을 하거나 정해진 장소에서 무역을 하며 해결했어. 하지만 흉년이 들거나 전쟁 때문에 무역을 못하게 되면 조선의 국경 지대를 침입해 소나 말을 약탈하고 사람을 해치곤 했지.

세종이 왕위에 오른 뒤 조선은 정치·경제·사회·문화 각 분야에서 안정된 모습을 갖춰 가면서 영토 확장에 관심을 기울이게 되었어. 또 정비가 이루어지지 않은 국경 지대를 정리하여 국경선을 좀 더 명확하게 확보하려는 의지도 높아 갔지. 그런데 조선의 이런 분위기를 자극하는 일이 벌어졌어. 북쪽에 자리 잡고 있던 여진족이 태종 때 차지한 압록강의 여연 지역을 시도 때도 없이 침입하여 약탈해 간 거야.

세종이 성을 쌓아 철저히 방어하라는 명을 내렸지만, 여연을 군사적으로 지원하는 지역인 강계와 거리가 멀어 여진족을 쉽게 물리치지 못했지. 여연

야연사준도 6진을 개척한 뒤 함경도를 다스리던 김종서가 장수들과 잔치를 벌이던 중 갑자기 화살이 날아와 큰 술병에 꽂혔는데, 겁을 먹고 두려워하는 대부분의 장수들과 달리 김종서는 전혀 놀라지 않고 침착하게 연회를 마쳤다는 일화를 그린 그림이다.

에 여진족이 침입했다는 소식이 강계에 전해질 때쯤이면 여진족은 이미 여연을 약탈하고 도망간 뒤인 거야. 이런 약점을 알게 된 여진족 군사 100여 명은 여연과 강계를 잇달아 침입하여 조선 백성을 포로로 잡아갔어.

그러자 황희를 비롯한 신하들은 세종에게 이렇게 건의했어.

"영토를 넓히느라 군역을 지는 부담 때문에 백성들이 힘에 부쳐 합니다. 그러니 영토를 더는 넓히지 말고 이미 있는 땅을 국경으로 정해 지키면서 여진족을 막는 것이 좋을 듯하옵니다."

하지만 세종은 단호했어.

"조상들이 물려준 땅은 마땅히 지켜야 할 것이오. 지금 물러난다면 우리 선조들이 땅을 넓히려고 했던 뜻과 어긋나는 것이오."

세종은 신하들에게 이렇게 말하고는 여진족을 정벌하고자 정보를 수집하게 했어. 그러고는 1433년, 평안도 절제사인 최윤덕에게 압록강 주변의 여진족을 정벌하라고 명령을 내렸어. 또 같은 해에 김종서를 함경도 관찰사로 임명하여 두만강 지역을 되찾게 했단다.

세종의 명을 받은 최윤덕과 김종서는 각각 압록강과 두만강 유역을 정벌하여 여진족을 물리치고 영토를 넓혀 나갔어. 이렇게 얻은 압록강 주변 땅에는 4군(우예·여연·자성·무창)을 설치하고, 두만강 주변 땅에는 6진(온성·경원·종성·회령·경흥·부령)을 두어 관리하게 했어. 4군 6진의 설치는 조선의 국경선이 확정되었을 뿐 아니라 영토가 확장되는 순간이기도 했어.

【 백성을 이주시키다 】

　영토가 넓어지면 그만큼 나라의 힘이 커지는 거니까 좋은 일이지. 하지만 넓어진 땅을 지키기 위해서는 더 많은 노력이 필요했어. 군사를 보내 지켜야 하고 백성을 이주시켜 땅을 개간하게 하여 실제로 사람이 살 수 있는 땅으로 만들어야 했지. 조선 조정은 4군과 6진에 백성을 이주시켜 그곳을 조선의 땅으로 확실하게 만드는 사업을 국가적으로 시행했어. 이것을 '사민 정책'이라고 한단다.

　처음에는 함경도와 평안도에 살고 있는 사람들 가운데 희망자를 뽑아 이주시켰어. 그런데 연이은 흉년과 고된 부역으로 이주 백성들이 이탈하기 시작했어. 특히 4군이 설치된 지역은 평안도 내륙 지역에서도 가장 추운 산악 지대였던 탓에 농지를 개간하기가 무척 힘들었거든. 조정에서는 모자라는 사람들을 메우기 위해 하삼도(전라도·충청도·경상도)에 사는 백성들 가운데 희망자와 고을 수령이 뽑은 사람들을 이주시켰어. 이때 이주한 백성들 때문인지 오늘날 함경도 말은 경상도 사투리와 비슷하고, 평안도는 전라도와 억양이 비슷하단다.

　이주한 사람들에게는 한 가족당 13결의 땅을 공짜로 나누어 주었어. 1결이 3천 평쯤 되니까 13결이면 엄청나게 넓은 거지. 땅을 개간하기가 얼마나 힘든지 이주 희망 가족의 인원은 13~15명이 되어야 한다고 했어. 이주를 원

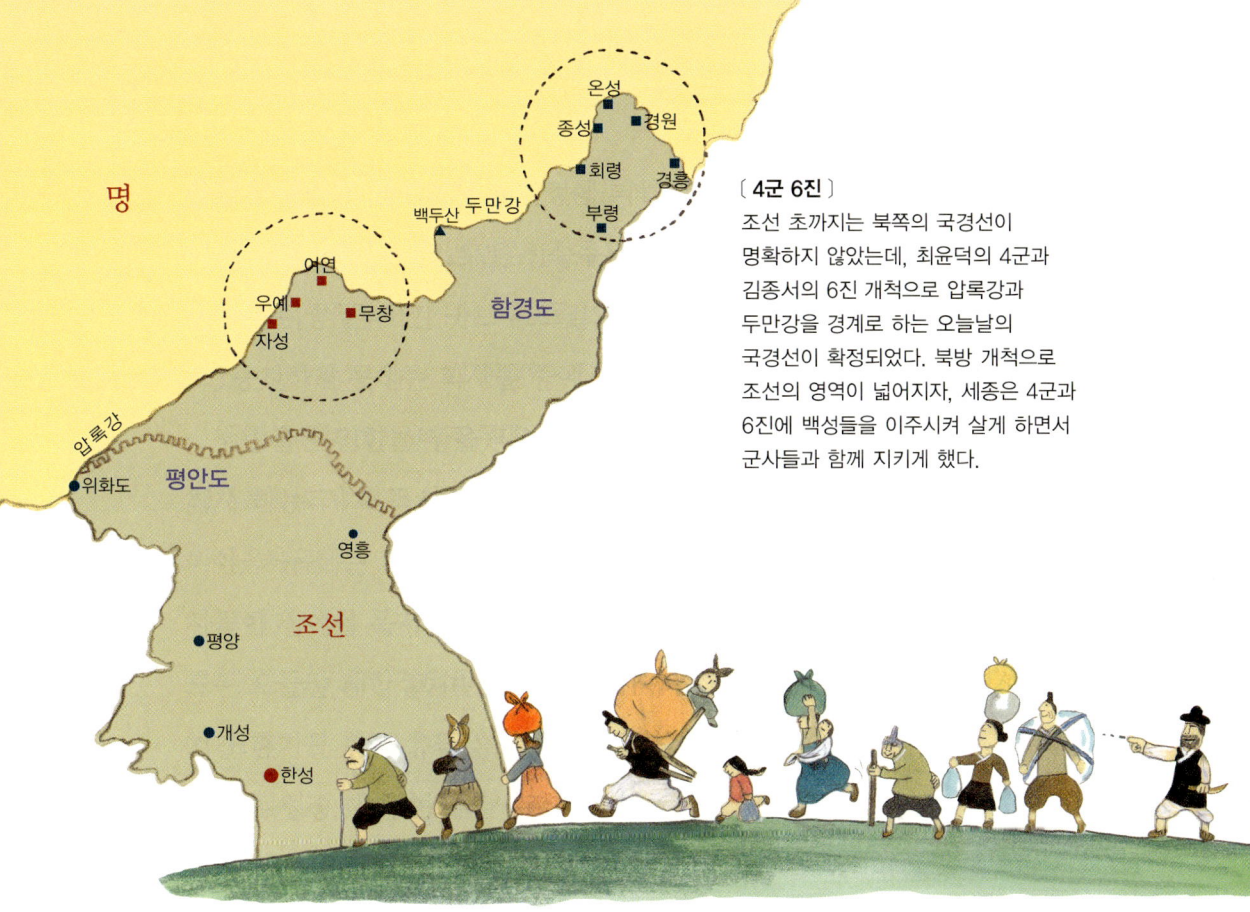

[4군 6진]
조선 초까지는 북쪽의 국경선이 명확하지 않았는데, 최윤덕의 4군과 김종서의 6진 개척으로 압록강과 두만강을 경계로 하는 오늘날의 국경선이 확정되었다. 북방 개척으로 조선의 영역이 넓어지자, 세종은 4군과 6진에 백성들을 이주시켜 살게 하면서 군사들과 함께 지키게 했다.

하는 신분은 양반을 비롯하여 일반 백성, 노비까지 누구나 갈 수 있게 허용했어. 나중에는 죄인을 보내기도 했지. 죄인에게는 지난날의 잘못을 뉘우치고 새로이 살 수 있는 기회를 주었던 거야.

하지만 원하지 않는데도 이주를 해야만 했던 사람들은 살던 곳을 벗어나는 것을 커다란 형벌로 생각했어. 『세종실록』에는 전라도에서 평안도로 이주해야 했던 한 가족의 가장이 자살한 일이 기록되어 있어. 오래도록 살던 곳을 떠나 낯선 곳으로 가야 했던 백성들의 애환과, 백성들을 꼭 이주시켜 4군 6진을 지키려 했던 세종의 고뇌가 느껴지지 않니?

3 새로운 세력 사림이 등장하다

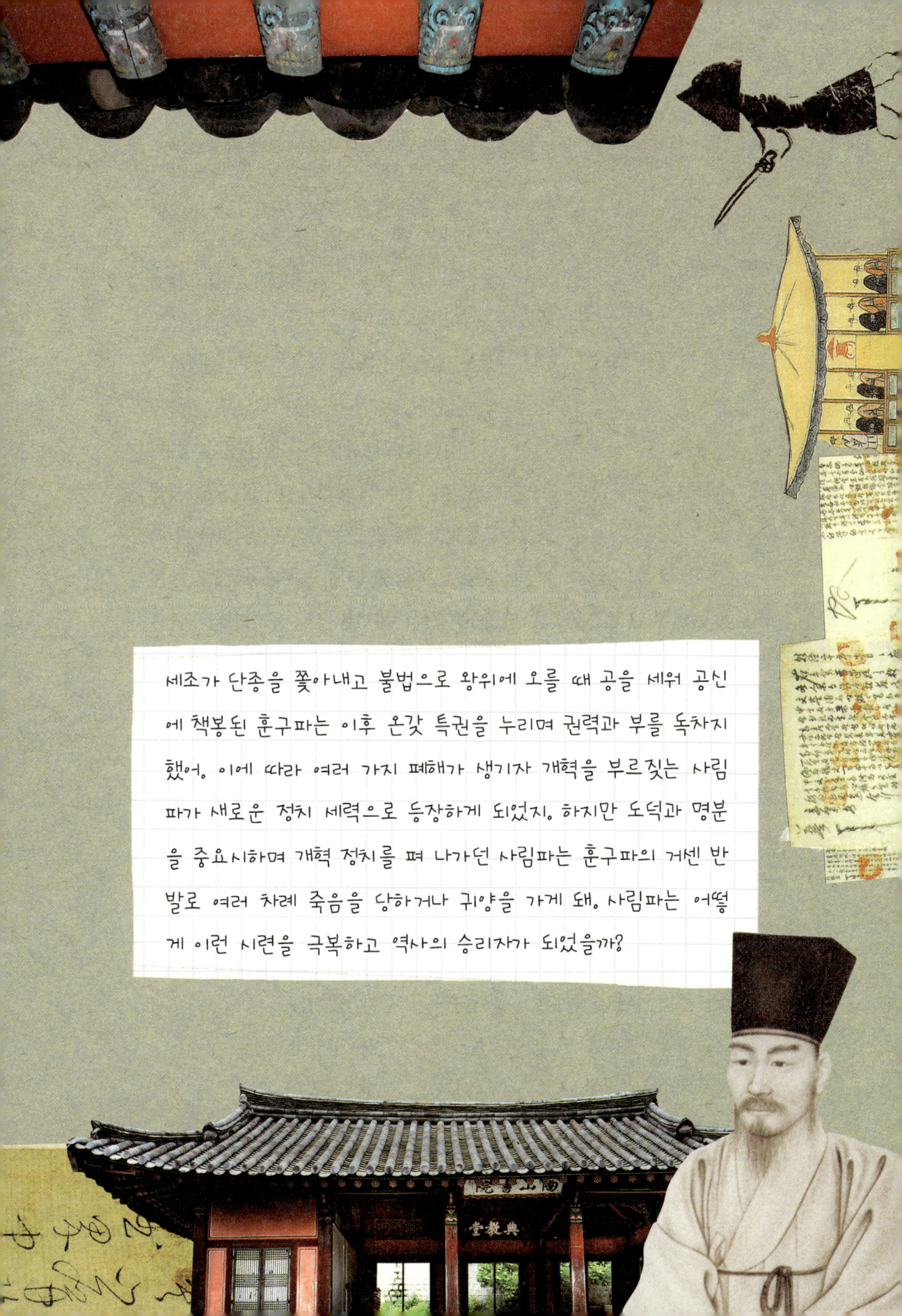

세조가 단종을 쫓아내고 불법으로 왕위에 오를 때 공을 세워 공신에 책봉된 훈구파는 이후 온갖 특권을 누리며 권력과 부를 독차지했어. 이에 따라 여러 가지 폐해가 생기자 개혁을 부르짖는 사림파가 새로운 정치 세력으로 등장하게 되었지. 하지만 도덕과 명분을 중요시하며 개혁 정치를 펴 나가던 사림파는 훈구파의 거센 반발로 여러 차례 죽음을 당하거나 귀양을 가게 돼. 사림파는 어떻게 이런 시련을 극복하고 역사의 승리자가 되었을까?

키워드 15 세조

조카를 내쫓고 왕위에 오르다

세종의 건강이 점점 나빠지자 세종을 대신하여 문종이 나랏일을 맡았어. 문종은 아버지 세종처럼 학문을 좋아하고 성품이 온화했어. 세자 시절부터 세종을 도와 여러 가지 중요한 일도 잘 해냈지. 하지만 어릴 때부터 병치레가 잦더니 왕위에 오른 뒤에도 많은 시간을 병상에서 보내야 했어. 결국 문종은 왕위에 오른 지 2년여 만에 어린 세자를 남겨 두고 세상을 떠났지. 열두 살에 왕위에 오른 단종 앞에는 조선 왕실 역사에서 가장 비극적인 사건이 기다리고 있었단다.

【 수양 대군이 조카에게서 왕위를 빼앗다 】

죽음을 앞둔 문종은 이제 겨우 열두 살밖에 안 된 어린 세자(단종)가 걱정되었어. 보통 왕이 나이가 어리면 대비나 왕비가 어린 왕을 대신하여 나랏일을 돌보는데, 왕실의 어른들이 일찍 세상을 떠났기 때문이야. 세종 시절부터 아버지 세종을 도와 함께 일해 온 수양 대군, 안평 대군 같은 동생들도 있었지만, 이들에게는 따르는 세력이 많아서 왕권에 위협이 될 것 같았지. 그래서 문종은 숨을 거두기 직전에 신하들 가운데 믿을 만한 김종서, 황보인 등을 불러 마지막으로 세자를 부탁했어.

단종은 어릴 때부터 총명하여 할아버지 세종이 무척 아꼈다고 해. 그렇지만 왕위에 오른 단종은 나이가 너무 어려서 나랏일을 돌볼 수가 없었어. 자연히 문종의 유언을 받든 황보인이 영의정, 김종서가 우의정이 되어 나랏일을 도맡아 했지. 그러다 보니 의정부의 권한이 막강해져 신권 중심 정치가 펼쳐졌어. 왕권과 신권이 서로 조화를 이루던 세종 대에 견주어 왕권이 몹시 약해져서 신권과 왕권의 균형이 깨진 거야.

이 무렵 조선에서는 고위 관료를 임명할 때 후보 세 명의 이름을 써서 왕에게 올리면 왕은 그중에서 뽑고 싶은 사람 이름 아래에 점을 찍었어. 그런데 김종서와 황보인 등은 자기들이 뽑고 싶은 사람 이름을 아예 노란색으로 표시하여 단종에게 후보 명단을 올렸어. 그러면 단종은 노란색이 표시된 이름에 점을 찍어야 했지. 결국 왕은 형식적인 결정만 한 거야.

수양 대군은 김종서와 황보인 등의 힘이 점점 더 커지는 것을 마냥 두고 볼 수가 없었어. 그래서 개국 공신 권근의 손자 권람과 꾀가 많은 한명회, 무신 홍달손 등을 심복으로 삼고 김종서 일파를 제거할 준비를 했지.

한편 김종서 일파도 수양 대군의 움직임을 경계하고 있었어. 이를 눈치챈 수양 대군은 이들의 경계를 누그러뜨리기 위해 단종의 즉위를 알리러 명나라로 가는 사신 일행을 따라가기도 했어. 자신은 권력 욕심이 없다는 것을 상대편에게 은근히 알리려는 셈이었지. 이때 신숙주도 함께 명나라에 갔는데, 이런 인연으로 신숙주는 수양 대군 편에 서게 된단다.

새로운 세력 사림이 등장하다 117

거사 날, 수양 대군은 한명회 등과 부하들을 이끌고 김종서의 집으로 가서 방심하고 있던 김종서를 철퇴로 내리쳤어. 수양 대군은 그길로 경복궁과 사대문을 장악한 뒤 경복궁으로 들어가 단종에게 김종서가 안평 대군과 짜고 역모를 꾀했다고 보고했어. 그러고는 임금의 명이라고 하면서 조정 대신들을 모두 대궐로 불러들였지. 이때 한명회는 죽여야 할 반대파 관리와 살려 둘 관리 이름을 적은 살생부를 들고 궁궐 문을 지키고 서서, 수양 대군에게 협조적인 관리들은 살려 주고 김종서 일파는 모조리 철퇴로 내리쳤어. 수양 대군은 김종서 일파와 가깝게 지내며 반대편에 섰던 동생 안평 대군마저 강화도로 귀양 보냈다가 곧 죽였단다.

『세조실록』에서는 "계유년(1453년)에 왕 곁에서 권력을 휘두르며 역모를 꾀해 나라를 위태롭게 한 일당을 평정했다."고 하여 이 사건을 '계유정난'이라 부르지만, 실제로는 수양 대군이 왕이 되고 싶은 야망에서 벌인 정변이었어.

정변 뒤 수양 대군은 영의정뿐 아니라 이조와 병조의 판서를 겸하게 되었어. 이제 수양 대군은 행정과 인사, 군사권까지 갖게 되어 김종서와는 비교도 되지 않을 만큼 막강한 권력을 행사하게 된 거야.

수양 대군은 단종이 스스로 왕위에서 물러날 기미가 없자 자신의 동생인 금성 대군이 역모를 꾀하려 한다는 거짓 정보를 흘려 단종을 압박하기 시작했어. 수양 대군이 신하들을 동원해 단종에게 금성 대군을 처벌하라고 요구하자, 단종은 할 수 없이 금성 대군을 귀양 보내고 말았어.

이 일로 수양 대군이 왕 자리를 탐내고 있다는 사실을 확실히 알게 된 단종은 이제 더는 버틸 수 없다는 것을 깨달았어. 단종은 예방승지 성삼문에게 옥새를 가져오라고 하여 경회루 다락에서 수양 대군에게 옥새를 넘겨주고 왕위에서 물러났어. 전하는 말에 따르면, 이날 성삼문은 차마 단종에게

경회루(국보 224호) 단종이 경회루에서 작은아버지 수양 대군에게 옥새를 넘겨주던 날, 성삼문과 박팽년은 단종의 복위 운동을 꾀할 것을 맹세했다고 한다.

옥새를 건네지 못하고 울음을 터뜨렸대. 수양 대군은 그런 성삼문을 매섭게 노려보았다고 하는구나. 수양 대군은 그 이튿날 즉위식을 치르고 조선의 7대 임금 세조가 되었단다. 단종은 상왕으로 물러나 창덕궁에서 지냈어.

【 사육신과 단종이 죽음을 당하다 】

세조가 조카를 쫓아내고 왕위에 오르자 성삼문, 박팽년 등 집현전 학자 출신들은 울분을 느꼈어. 이들은 여러 신하들이 왕을 도우며 의견을 모아 나라를 운영하는 것이 가장 이상적인 정치라고 보았어. 그래서 당시 김종서 등 몇몇 대신이 나라를 좌지우지하는 것을 비판하는 입장이었지. 그런 까닭에 세조가 정변을 일으킬 때 크게 반대하지 않았어. 세조가 단종을 도와 나랏일을 돌볼 거라고 기대했기 때문이야. 하지만 정변 이후 세조가 더 큰 권력을 휘두르며 왕권을 위협하자 성삼문 등은 자기들 생각이 잘못됐다는 것을 깨달았어. 더욱이 불법으로 왕위에 오른 수양 대군이 한명회 등 몇몇 공신만 데리고 정치를 해 나가자, 이들의 분노는 극에 다다랐지.

성삼문과 박팽년은 수양 대군을 몰아내고 단종을 다시 왕위에 올리기로 뜻을 모았어. 집현전에서 함께 일했던 하위지, 이개, 유성원 등이 뜻을 함께했어. 무관인 유응부도 거사에 동참하기로 했지. 성삼문을 중심으로 뭉친 이들은 세조를 없앨 기회가 오기만을 기다렸단다.

이들은 세조가 왕위에 오른 지 1년째 되던 해인 1456년 6월, 명나라로 돌아가는 사신을 위한 잔치를 벌일 때 세조와 측근들을 없애기로 했어. 그런데 이들의 계획을 눈치챈 한명회 때문에 거사를 미룰 수밖에 없었어. 그러자 함께 거사를 하려던 김질이 겁을 먹고 장인인 정창손을 찾아가 단종 복위 운동이 일어나고 있다고 일러바쳤어.

결국 성삼문, 박팽년 등 단종 복위 운동에 관련된 사람들은 줄줄이 체포되었어. 세조가 직접 그들의 죄를 취조했지. 성삼문은 모진 고문을 받으면서도 끝까지 의연한 모습을 지키며, 세조 옆에 서 있는 신숙주를 꾸짖었어.

"세손을 부탁한다는 세종의 말씀이 아직도 귓전에 생생한데, 네가 어찌 이럴 수 있단 말이냐!"

세종은 일찍이 훗날 단종이 어린 나이에 홀로 남게 될 것이 걱정스러워 성삼문, 신숙주, 박팽년에게 단종을 부탁한 적이 있었어.

신숙주 초상화 성삼문이 충신의 대명사로 조선 시대 내내 추앙을 받은 반면, 신숙주는 학문적 자질이 뛰어나 많은 업적을 이룩했음에도 수양 대군에게 협조했다는 이유로 변절한 지식인이라는 꼬리표가 늘 따라다녔다. 보물 613호.

성삼문은 그토록 자신들을 아껴 주던 세종과 어린 단종을 배신하고 수양 대군을 적극적으로 도와 일하는 신숙주를 용서할 수 없었어. 신숙주와 성삼문은 문장과 어학에 특히 뛰어나 세종의 명으로 중국의 음운학자를 만나기 위해 열세 번이나 먼 길을 함께 오가면서 우정을 쌓은 절친한 사이였어. 그런데 세조가 왕위를 빼앗은 뒤로 두 사람은 전혀 다른 길을 걷게 된 거야.

세조는 자신을 끝까지 왕으로 인정하지 않는 성삼문, 박팽년 등을 말이 끄는 수레에 팔과 다리를 묶어 사지를 찢는 형벌을 내렸어. 이때 단종 복위 운동에 관련되어 죽음을 당하거나 화를 입은 사람은 70여 명에 이르렀어. 이처럼 단종 복위 운동을 주도하다가 죽은 성삼문, 박팽년, 이개, 하위지, 유성원, 유응부를 '사육신'이라고 해. 벼슬을 버리고 단종에 대한 절개를 지킨 김시습, 남효온, 이맹전, 원호, 조려, 성담수는 '생육신'이라고 한단다.

세조는 그 뒤 단종 복위 운동에 계속 불씨가 되는 단종을 강원도 첩첩산중으로 귀양 보냈다가 죽였어. 『세조실록』에는 단종이 스스로 목을 매고 죽었다고 되어 있지만, 『병자록』에 따르면 사약을 들고 간 금부도사 왕방연이 차마 세조의 명을 전하지 못하고 주저하자, 단종이 스스로 목에 활시위를

사육신 묘 단종을 다시 왕위에 올리기 위해 복위 운동을 벌이다가 목숨을 잃은 성삼문, 박팽년, 이개, 하위지, 유성원, 유응부 등 사육신의 무덤이다. 서울시 노량진에 있다.

청령포 세조가 단종을 귀양 보낸 곳으로 강원도 영월에 있다. 청령포는 삼면이 강으로 둘러싸여 있고 나머지 한쪽은 험한 절벽에 가로막혀 있어서, 나룻배를 타지 않으면 밖으로 나갈 수 없는 천혜의 귀양지였다. 청령포 안에는 단종이 귀양 생활을 했던 집터와 한양 쪽을 바라보며 시름을 달랬다는 노산대 등이 있다.

감고 시중드는 사람을 시켜 활시위에 묶인 노끈을 당기게 했다는구나.

【 왕권을 세우기 위한 세조의 노력 】

조카를 내쫓고 죽이기까지 한 세조에게는 늘 도덕적인 약점이 꼬리표처럼 따라다녔어. 뜻있고 재능 있는 인재들은 물론 백성들의 비난 여론이 무척 컸지. 그래서 세조는 한명회 등 몇몇 공신을 중심으로 나라를 다스려 나갈 수밖에 없었어. 그러자니 더욱 강한 힘을 사용해야 했지. 세조는 왕권에 방해가 되는 세력을 차례차례 제거하고 본격적으로 왕권 강화를 위한 정책을 펴기 시작했어.

우선 세종 때 시행한 의정부 서사제 때문에 문종과 단종을 거치면서 왕권이 더 약해졌다고 보고 왕권을 회복하기 위해 태종 때 실시한 6조 직계제와 호패법을 다시 시행했어. 그리고 단종 복위 운동을 주도한 세력의 근거지인 집현전과 신하들과 함께 토론하는 경연도 폐지해 버렸지.

세조는 또 토지에서 일정량의 생산물을 거두어 쓸 수 있는 권리를 현직 관리에게만 주었어. 현직에서 물러나면 그 권리를 나라에 반납해야 했지. 이를 '직전법'이라고 해. 관직에서 물러나더라도 권리를 행사할 수 있는 과전법으로는 현직 관리에게 나눠 줄 토지가 모자랐기 때문이야.

세조는 이렇게 호패법과 직전법을 실시하여 나라 살림을 튼튼히 다지는 한편, 백성들의 생활 안정을 위한 정책을 폈어. 수령들이 백성을 함부로 괴롭히지 못하도록 관찰사에게 수령들을 철저히 감독하고 관리하게 했어.

또 세종의 뜻을 이어받아 편찬 사업에도 힘을 쏟았어. 나라를 다스리는 데 가장 필요한 법전인 『경국대전』을 만들기 시작했고, 역사서인 『동국통감』, 지리서인 『동국지도』 등을 편찬했어. 세조는 불교를 숭상했기 때문에 『법화경』, 『금강경』 같은 불경서도 간행했지.

세조의 이러한 노력은 성종 대에 이르러 조선 전기의 정치와 문화를 완성할 수 있는 든든한 밑바탕이 된단다. 하지만 이러한 노력과 업적에도 세조가 불법으로 왕위에 오르고 조카를 죽인 패륜 사실은 사라지지 않아. 세조는 명분과 정통성, 도덕성 면에서 비판을 피하기가 힘들단다.

세조는 조선의 근본 이념인 왕도 정치와는 한참 거리가 먼 무력 정치와 측근 정치로 조선의 정치 발전을 후퇴시켰어. 이 때문에 비록 왕권은 그 어느 때보다 강해졌지만, 자신에게 조금이라도 비판적인 사람은 아무리 능력과 재능이 뛰어나도 철저히 제거하고, 자기 뜻을 잘 따르는 측근은 잘못을 저질러도 눈감아 주어 큰 폐해를 낳았지. 이들은 더 많은 부와 권력을 쌓아 성종 대까지 큰 권력을 행사한단다.

세조 화상 세조는 왕자 시절부터 불교에 심취해 한문으로 쓰여진 불경을 한글로 옮기는 등 불교 분야에 많은 업적을 남겼다. 세조 화상은 경상남도 합천 해인사에 모셔져 있다.

키워드16 성종

뛰어난 정치력으로 나라의 기틀을 완성하다

오늘날 우리가 알고 있는 왕의 이름은 모두 왕이 죽은 뒤 업적에 따라 붙여진 이름이야. 왕의 이름에 '성(成)' 자를 붙인다는 것은 모든 체제가 갖추어져 정치와 사회가 안정을 이루게 되었다는 것을 뜻해. 조선의 아홉 번째 왕인 성종처럼 말이야. 성종은 앞선 왕들이 이루어 놓은 업적을 바탕으로 나라의 틀을 완성시켰어. 열세 살 어린 나이에 왕위에 오를 때만 해도 조선은 몇몇 공신에 의해 좌지우지되며 혼란과 부패로 가득한 사회였어. 성종은 어떻게 이런 문제를 극복하고 조선이 세워진 이래 가장 안정된 나라를 이룩할 수 있었을까?

【 열세 살에 임금이 된 성종 】

성종은 세조의 첫째 아들인 의경 세자의 둘째 아들로 태어났어. 의경 세자는 세조가 왕위에 오르자마자 세자로 책봉되었지만 스무 살에 죽었어. 그래서 태어난 지 두 달도 안 된 성종은 아버지 얼굴도 모른 채 자랐단다.

의경 세자가 죽자 세조는 둘째 아들 해양 대군을 세자로 삼았어. 바로 세조 다음 왕인 예종이 해양 대군이란다. 그런데 예종은 왕위에 오른 지 1년여 만에 갑자기 죽고 말았어. 이때 예종의 아들은 네 살이었어.

예종이 세상을 떠난 날, 세조의 비인 정희 대비가 예종의 뒤를 이을 왕으로 성종을 지목하며 말했어.

"임금의 자리는 잠시도 비워 둘 수 없다. 예종의 아들은 너무 어려서 왕위를 이을 수가 없다. 결국 의경 세자의 두 아들뿐인데, 첫째인 월산군은 본래 몸이 약해 어려서부터 병이 많았다. 그러나 둘째인 자을산군(성종)은 일찍이 그 자질과 그릇이 남다름을 세조께서도 칭찬하셨으니, 자을산군에게 왕위를 잇게 하노라."

그러고는 바로 그날로 성종의 즉위식을 치렀어. 이처럼 의경 세자의 맏아들 월산군이 아닌 성종이 왕위에 오를 수 있었던 데에는 할머니 정희 대비와 어머니 인수 대비, 그리고 장인인 한명회의 힘이 컸어.

한명회는 세조가 단종을 쫓아내고 왕위에 오를 때 공을 세우며 권력의 중심에 섰어. 두 딸을 예종과 성종에게 시집보내 2대에 걸쳐 왕의 장인이 되었지. 예종에게 시집보낸 첫째 딸이 세자빈 시절에 죽고 딸이 낳은 손자마저 죽자, 한명회는 둘째 사위인 자을산군이 왕위에 오르기를 바랐어. 사위가 왕위에 오르면 더 큰 권력을 손에 쥘 수 있을 테니까 말이야. 그래서 정희 대비와 인수 대비를 움직여 자을산군을 왕위에 올린 거야.

어린 나이에 왕위에 오른 성종은 아직 왕 역할을 하기 힘들었어. 자연히 왕실의 가장 큰 어른인 정희 대비가 수렴청정을 했지.

세조 비 정희 왕후의 옥보 정희 왕후의 인장으로, 옥으로 만들어 옥보라 한다.
정희 왕후는 세조가 죽자 대비가 되었고, 성종을 왕위에 올린 뒤 7년간 수렴청정을 했다.
정희 왕후는 앞서 예종 때 1년간 수렴청정을 했는데, 이는 조선 역사에서 처음 있는 일이었다.

【공신에 공신을 더한 훈구의 횡포】

세조의 측근 세력은 계유정난을 비롯한 수많은 정치 사건을 해결하면서 각종 공신이 되어 조정에 굳건히 자리를 잡았어. 공신은 나라를 새로 세웠거나 나라를 위기에서 구하는 등 나라에 특별한 공이 있다고 인정되는 사람에게 주는 칭호야. 공신에 책봉되면 높은 관직을 얻고, 나라에서 토지와 녹봉(쌀과 옷감), 노비를 받았어. 자손들은 공신 칭호도 물려받고, 공신전으로 받은 토지 또한 물려받았지. 공신이 되면 경제적인 부와 정치적인 권력을 두루 누릴 수 있었어. 이렇게 세조 때 공신으로 책봉된 사람들을 '나라에 공훈을 세운 구세력'이라는 뜻에서 '훈구'라 했단다.

훈구 대신들은 성종이 왕위에 오른 지 2년째 되던 해에 성종을 잘 보필했다는 구실로 스스로 '좌리공신'까지 되었어. 신하가 임금을 잘 보필하는 건 당연한 일인데, 그 정도만으로 공신이 될 만큼 훈구 대신들의 힘은 대단했단다. 한명회는 특히 영의정으로 있으면서 병조 판서까지 동시에 맡았어. 그리고 병조 판서가 이조의 인사권도 가질 수 있게 하여 군사와 행정을 장악했지. 또 6조도 직접 지휘하여 왕권이 강해지는 것을 아예 막아 버렸단다.

이처럼 막강한 권력을 가진 한명회의 집 앞은 벼슬자리를 구하려는 사람들로 늘 북적거렸어. 과거 제도가 제 구실을 못하는 데다, 한명회와 연줄이 닿거나 그에게 뇌물을 바치면 관직을 얻을 수 있었기 때문이지. 한명회는 자신과 연줄이 있

한명회의 별장 한명회는 한강 남쪽에 정자를 짓고는 '세상 욕심을 잊고 갈매기와 친하게 지내겠다.'는 뜻에서 압구정이라고 했다. 조선 후기에 겸재 정선이 그렸다.

거나 뇌물을 바친 사람에게 그 대가로 벼슬자리를 주었어. 한명회는 이렇게 10년 넘도록 마음껏 권력을 휘둘렀어.

공신에 공신을 더한 훈구는 갖은 횡포를 일삼으며 재물을 모았어. 정인지는 재산이 수만 석이나 되는데도 이웃집을 빼앗고, 최항은 사위를 얻을 때도 재산이 얼마나 있는지 볼 정도였단다.

홍윤성은 더 말할 것도 없었어. 홍윤성은 세조가 왕위에 오른 뒤 예조와 이조 판서를 거쳐 젊은 나이에 영의정까지 오를 정도로 파격적인 승진을 거듭한 데다 다섯 차례에 걸친 공신 책봉으로 세상에 두려울 게 없었거든.

홍윤성은 사람을 함부로 죽였는데, 자기 집 앞 개울에서 말을 씻겨도 죽이고, 집 앞을 지나가기만 해도 잡아서 죽였어. 심지어는 남의 논에 미나리를 심고는 논 주인이 찾아와서 자기 논에 심은 미나리를 뽑으라고 하자 논 주인을 매달아 죽이는 악행까지 저질렀지.

훈구파가 권력을 독점하고 백성을 괴롭히고 있을 때, 성종은 스무 살의 성인이 되어 7년 만에 비로소 수렴청정에서 벗어났어.

【 새로운 정치 세력 사림을 등용하다 】

성종은 약해진 왕권을 강화하기 위해 훈구파를 견제할 새로운 인재들을 찾았어. 성종이 선택한 이들은 바로 정몽주의 제자였던 길재의 학풍을 이어받은 김종직과 김굉필, 정여창, 김일손, 유호인 등이었어.

이들은 세조가 불법으로 왕위를 차지하고 사육신과 단종까지 죽이자 세조에게 반대해 고향으로 내려가 학문을 연구하며 지냈어. 산림에서 공부한 선비라고 하여 이들을 '사림'이라 부른단다. 정치에 나선 사람이 점점 많아지면서 이들도 하나의 세력이 되었지.

성종은 세조 때 폐지된 경연 제도를 다시 시행하여 신하들의 비판에 귀를 기울이고, 집현전을 대신할 홍문관을 만들어 학문 연구와 왕의 자문을 맡겨 학문과 제도가 발전할 수 있는 길을 열었어. 그리고 사림을 홍문관을 비롯한 사헌부, 사간원의 관리로 임명했지. 성종은 이들 기관에 훈구 대신 등 고위 관리들의 비리를 감찰하고 죄를 고발할 수 있는 권한을 주었어. 사림을 이용해 훈구파를 적절히 견제한 거야.

훈구파와 사림파는 서로 견제하면서도 협력하여 나라를 다스렸어. 훈구파와 사림파가 충돌하지 않은 것은 성종의 뛰어난 정치력 덕분이었어. 성종은 두 세력의 이야기를 모두 듣고, 이들을 골고루 등용하여 일을 맡겼어. 성종이 어느 세력에도 치우치지 않는 모습을 보이자, 이들도 필요 없는 신경전이나 싸움을 벌이지 않았지.

【안정된 나라를 이루다】

성종은 두 세력을 이끌고 세조 때 만들기 시작한 조선의 기본 법전인『경국대전』을 완성했어. 역사서인『동국통감』, 지리서인『동국여지승람』, 음악서인『악학궤범』, 나라 행사의 예법과 절차를 담은『국조오례의』등의 편찬 사업에도 힘을 쏟았지.『경국대전』과『국조오례의』가 완성되면서 조선은 이

왕의 활쏘기 의식 성종 때 완성된『국조오례의』는 길례·가례·빈례·군례·흉례 등 나라의 중요한 다섯 가지 의례를 유교 예법에 맞게 정리한 책이다. 왕과 신하가 활쏘기를 하며 군신 간의 예를 확인하는 대사례는 오례 가운데 하나인 군례에 속한다. 이 그림은 조선 후기 영조 때 실시한 대사례 의식 중 왕의 활쏘기 의식을 그린 것이다.

제 나라를 이끌어 갈 법과 유교의 예법에 대한 확실한 기틀을 마련하게 되었단다.

성종은 억불숭유 정책을 더욱 강화하여 양반집 여자들이 중이 되는 것을 금지하고, 도성 안에 있는 사찰도 도성 밖으로 내보냈어. 반면 유학을 장려하기 위해 성균관에 존경각을 지어 수만 권의 책을 하사하고, 독서당을 세워 관리들에게 휴가를 주고 학문에 전념하게 했어.

성종은 또 직전법의 폐단을 고쳐 새로운 제도를 시행했어. 직전법에서는 관리들이 관직에 있는 동안만 지정된 토지에서 세금을 걷어 쓰고 관직에서

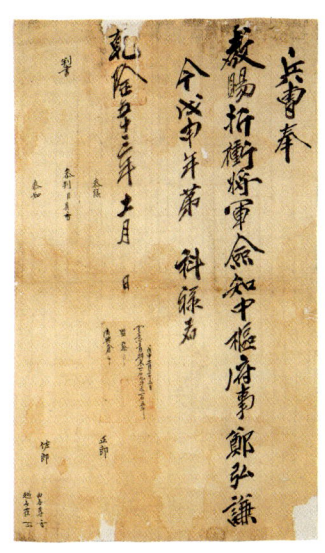

녹패 녹봉을 받는 관료에게 발급한 일종의 월급 표이다. 문관은 이조, 무관은 병조에서 녹패를 발급받았다.

물러나면 걷지 못하게 했지. 그러다 보니 관리들이 퇴직 후를 생각해서 관직에 있는 동안 더 많은 세금을 거두어들이는가 하면 자기 것이 아닌 토지에서도 세금을 거두어들였어.

성종은 이 같은 문제를 없애기 위해 나라에서 직접 농민들한테 세금을 걷어 관리에게 녹봉으로 나누어 주는 '녹봉제'를 시행했어. 녹봉은 오늘날의 월급과 같은 것인데, 이때는 봄·여름·가을·겨울이 시작되는 달에 주로 쌀, 현미, 좁쌀 같은 곡물로 지급했단다.

성종은 이런 일들을 훈구파와 사림파를 적절히 이용하면서 해 나갔어. 성리학에서 말하는 '임금이 여러 신하의 의견을 들으면서' 해 나가는 정치를 펼친 거야. 덕분에 성종 때에는 건국 초부터 다져 온 조선의 정치·경제·사회·문화 등 각 방면에서 나라의 틀이 완성되어 그 어느 때보다도 안정을 이룰 수 있었단다. 성군이라 일컬어지는 성종의 이름에 '성' 자가 붙은 까닭을 이제 알겠지?

키워드 17   **경국대전**

『경국대전』을 보면 조선이 보인다

조선은 건국 직후부터 왕의 말이나 관습이 아니라 문자로 쓰여진 조선의 법전을 만들고자 노력했어. 법전을 가지고 있다는 것은 나라의 모든 체제가 정비되었다는 것을 뜻해. 하지만 법전은 하루아침에 완성할 수 있는 게 아니었어. 조선을 건국할 때부터 시작한 법전 편찬 사업은 조선의 최고 법전인 『경국대전』이 완성되기까지 무려 90년이나 걸렸단다. 이렇게 오랜 세월에 걸쳐 만들어진 『경국대전』에는 조선의 통치 구조부터 당시의 풍속과 일상생활까지 두루 담겨 있어. 그래서 『경국대전』을 보면 조선이 어떤 나라인지 더 분명하게 알 수 있단다.

【 90년 만에 조선 최고의 법전이 완성되다 】

태조 이성계는 즉위 후에 내린 교서에서 문자로 쓰여진 성문법에 따라 조선을 다스려 가겠다고 선언했어. 고려 시대에 일상생활을 규제한 법은 중국에서 들여온 법률과 고대부터 전통적으로 지켜 오던 관습법이었거든.

태조의 명에 따라 정도전은 『조선경국전』을 지었어. 영의정이었던 조준은 『경제육전』을 편찬했지. 태종 때에는 부족한 점을 보완하여 『원육전』과 『속육전』을 만들었어. 세종은 황희 등에게 명을 내려 『신찬경제육전』을 편찬하게 했고.

이렇게 조선 건국 이후부터 세종 대까지는 앞선 왕의 시기에 만들어진 법전을 바탕으로 미흡한 점을 보완하거나 그때그때 필요한 법 조항을 보태는 식으로 법전을 만들어 사용했어. 그런데 왕이 바뀔 때마다 법전도 조금씩 바꿔다 보니 전체적으로 체계성과 통일성을 갖추기가 어려웠지.

세조는 즉위 후 집현전 학자 출신 양성지의 건의를 받아들여 여기저기 흩어져 있는 여러 법령을 모아서 통일된 법전을 새로 만들어야겠다고 마음먹었어. 그래서 법전 편찬을 담당할 관청을 따로 만들어 『경국대전』 편찬 사업을 시작했지. 세조는 법전 편찬 작업에 직접 참여하여 학자들과 법전에 들어갈 큰 항목을 정하고, 학자들이 토론하여 정리한 법 조항들을 일일이 검토하고 수정하는 등 열의가 대단했다고 해. 아마도 통일되고 체계적인 법전 편찬이야말로 정당하지 못한 방법으로 왕이 된 자신이 정당성을 인정받을 수 있는 기회라고 생각했는지도 모르겠구나.

1457년에 시작된 『경국대전』 편찬 작업은 10년 만에 거의 완성되어 시행을 앞두고 있다가 세조가 세상을 떠나자 예종 때 다시 수정 작업을 거쳤어. 그리고 마침내 성종 대인 1482년 완성되어 몇 년간의 수정 끝에 1485년부터 시행되었단다. 『경국대전』을 만들기 시작한 지 거의 30년 만이었지. 『경국대전』의 토대가 된 태조 대의 『조선경국전』으로 거슬러 올라가면 무려 90년이나 걸려 조선의 법전 편찬 사업이 끝난 거야. 『경국대전』이 완성될 때까지 이처럼 많은 시간이 걸린 까닭은 대대로 전해져 영원히 변치 않을 완전한 법전을 만들겠다는 의지가 컸기 때문이란다.

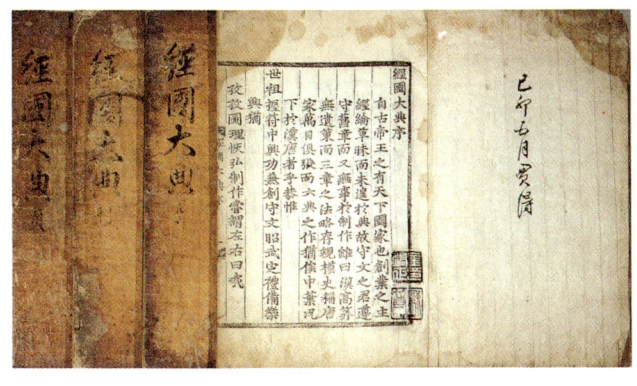

『경국대전』 모두 319개의 법조문이 이전·호전·예전·병전·형전·공전의 6전 체제로 구성되어 있다. 조선은 중앙의 6조를 비롯하여 지방의 수령 아래에도 이방·호방·예방·병방·형방·공방의 6방을 두었는데, 법전 또한 이러한 행정 조직 체계에 맞춤으로써 정치와 행정의 효율성을 꾀했다.

【『경국대전』으로 보는 조선 시대의 풍속】

『경국대전』은 6전 체제로 구성되어 있어. 중앙의 6조와 지방의 6방 조직에 맞춰 정치와 행정의 효율성을 높이려고 이렇게 구성한 거야.

「이전」은 중앙과 지방 관제, 관리의 직위와 임명 등 행정 조직에 관한 규정을 담았고, 「호전」은 세금과 관리들의 녹봉, 토지, 가옥, 노비 매매 등 경제와 관련된 규정을 실었어. 「예전」은 과거 제도와 관리의 의장, 외교, 혼인과 제례 같은 의례, 「병전」은 국방과 군사, 「형전」은 범죄에 대한 재판과 형벌, 재판, 재산 상속 등에 관한 사항, 「공전」은 도로, 교통, 건축, 도량형 등 산업에 관한 법 규정을 각각 실었단다.

『경국대전』의 맨 처음에 실린 내용은 무엇일까? 바로 후궁들과 궁중의 전문직 여성들의 품계에 관한 사항이야. 가장 높은 정1품 빈에서 가장 낮은 종4품 숙원까지 후궁들의 등급이 기록되어 있단다. 조선 같은 유교 나라에서 여성들의 품계가 법전의 첫 부분에 기록되다니 놀랍지 않니? 그만큼 왕과 가장 가까운 관계에 있는 이들의 질서를 세우는 일이 중요했기 때문이야.

조선 시대에는 몇 살에 결혼할 수 있었을까? 남자는 15세, 여자는 14세부터 결혼할 수 있었어. 곧 이때부터 어른으로 인정한다는 얘기지. 집이 가난하지 않은데도 나이 든 자녀를 혼인시키지 않으면 가장인 아버지에게 벌을 내렸어. 반면 가난해서 딸이 서른 살이 되도록 혼인시키지 못한 관리에게는 나라에서 혼인 비용을 대 주게 했지. 이런 법까지 정해 놓은 것은

열쇠패 여러 개의 별전(기념 주화 같은 것)을 엮어 만든 장식용 열쇠패이다. 딸이 시집갈 때 자식과 재물이 주렁주렁 달리라는 뜻에서 친정어머니가 혼수함에 넣어 주었다.

그만큼 혼인이 사람의 삶에서 가장 중요한 의례일 뿐만 아니라, 가족 체제가 유교의 나라 조선의 바탕이 되었기 때문이란다.

재산도 아들딸 차별하지 않고 똑같이 나눠 주게 했어. 큰아들이라고 해서 작은아들보다 더 주거나 딸이라고 해서 덜 주지도 않았지. 다만 제사를 모실 자식에게는 5분의 1을 더 주게 했어. 조선 중기까지만 해도 이렇게 남녀 차별 없이 유산도 똑같이 물려받고, 제사도 아들과 딸이 돌아가며 지냈어. 아들에게만 재산을 물려주고 제사도 아들만 지내게 한 것은 조선 후기부터란다.

이 밖에도 땅과 집, 노비 등을 팔거나 사면 100일 안에 관청에 신고하여 증거 문서를 받아야 했어. 부모가 많이 아프거나 70세가 넘으면 그 아들은 군대를 면제해 주었지. 또 가짜 화폐를 만든 위조범을 잡으면 베 250필을 준다는 내용도 있어. 『경국대전』에는 이와 같이 조선 시대의 풍속을 들여다볼 수 있는 내용이 많단다.

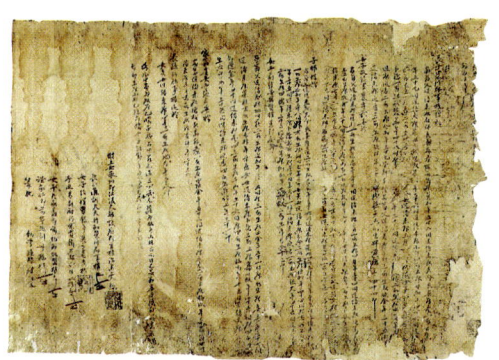

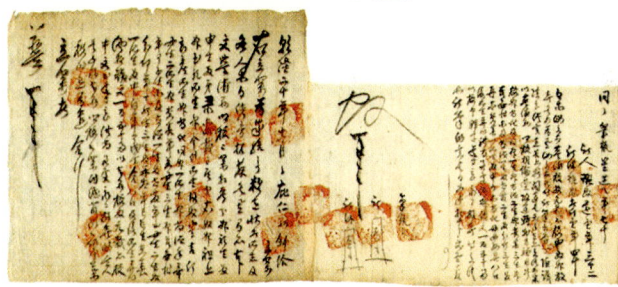

권심 처 손씨 분금문기(위)
15세기에 강릉 대도호부 판관을 지낸 권심의 처 손씨가 4남매에게 비슷한 수의 노비를 나누어 준다는 내용의 재산 분할 상속 문서로, 조선 전기까지 남녀 차별 없이 재산을 고루 분배했다는 사실을 알 수 있다. 보물 549호.

노비 매매 증거 문서(아래)
영조 때 충청도 보령에 사는 홍상선이 남포 향교에 속해 있는 노비 8명을 샀다는 내용으로, 노비를 매매한 사실을 관청에 신고하여 발급받은 증거 문서이다.

【관리에게 특히 엄격했던 처벌 규정】

『경국대전』에는 관리의 관직과 직급, 관복, 임명과 해임 등에 관한 사항뿐 아니라 출퇴근 시간, 근무 일수 등에 관한 규정도 자세히 실려 있어.

관리의 직급은 1품에서 9품까지 있는데, 각 품을 다시 정품과 종품으로 나누어 정1품부터 종9품까지 18등급으로 구분했어. 정1품, 종1품, 정2품, 종2품 …… 정8품, 종8품, 정9품, 종9품 하는 식으로 말이야.

관리의 출근 시간은 대개 아침 5시에서 7시 사이였어. 해가 짧은 겨울에는 7시에서 9시 사이로 좀 늦춰졌지. 하지만 일주일에 하루는 왕을 알현하는 조회가 있어서 새벽 3시에서 5시 사이에 궁궐로 들어가야 했어. 퇴근 시간은 오후 5시에서 7시 사이로, 보통 하루에 8~12시간을 일한 셈이야. 출근하지 못한 날이 1년에 30일을 넘으면 승진도 할 수 없을 뿐만 아니라 아예 관직에서 쫓겨나야 했단다.

조선 시대에는 지금처럼 몇 살까지 일할 수 있다는 정년퇴직이 없었어. 하지만 관리들은 보통 70세가 넘으면 벼슬자리에서 물러나겠다는 상소를 올렸어. 오늘날로 치면 사직서인 셈이지. 보통 때는 왕이 대체로 상소를 받아들이지만, 나라에 중대한 일이 있어서 사직을 허락할 수 없는 1품 관리에게는 몸을 의지할 수 있는 궤장(의자와 지팡이)을 내려 주면서 계속 근무하게 했

품계석 궁궐의 정전 앞 좌우에 관리의 품계를 새겨 순서대로 나란히 세워 놓은 돌이다. 나라 행사를 치르거나 조회를 할 때 신하들이 자신의 품계에 해당하는 품계석에 늘어섰다. 동쪽 품계석에는 동반인 문관이 섰고, 서쪽의 품계석에는 서반인 무관이 섰다.

어. 이 또한 법으로 정해 시행하고, 잔치를 열어서 예의를 갖추어 궤장을 하사했지.

궤장(보물 930호)

한편 『경국대전』의 처벌 규정 중에는 관리에 대한 처벌 규정이 가장 많단다. 왕을 도와 실질적으로 나랏일을 하는 관리가 비리를 저지르거나 맡은 일을 제대로 하지 않으면 나라가 바로 설 수 없기 때문이지.

백성들이 세금으로 내는 곡식을 받아 중간에 가로챈 관리는 사형에 처하고 아내와 자식에게 남겨진 재산이 있으면 모두 몰수하게 했어. 또 권세 있는 가문에 드나들면서 뇌물을 바치고 관직을 구하는 인사 청탁도 엄하게 막았지. 만약 이를 어기면 큰 매로 볼기를 100대나 맞고 먼 곳으로 귀양 가서 죽을 때까지 살아야 했어. 이 벌은 사형 다음으로 큰 형벌이야.

뇌물을 받거나 비리를 저질러 벼슬자리에서 쫓겨난 관리의 자손들에게는 아예 과거 시험도 못 보게 했어. 또 "금과 은 같은 사치스러운 물품을 사용하거나 3품 이하 관리의 자녀가 혼인할 때 수입 비단을 사용하면 곤장 80대를 때린다."는 항목을 두어 관리들의 사치도 막으려 했단다.

【 시대를 앞서 간 국가 통치 규범 】

『경국대전』에는 오늘날에 비추어 봐도 결코 뒤지지 않는 법 조항이 많이 있어. 그 가운데 가장 주목할 만한 것은 「형전」에 나와 있는 삼복 제도란다. 삼복 제도는 오늘날의 3심 제도와 같은 것인데, 살인 같은 큰 죄를 지어 사형 선고를 받을 만한 사람이라 해도 세 차례의 재판을 받게 한 거야. 해당 지역의 관찰사가 판결한 것을 형조에서 다시 심사한 다음 왕에게 보고하면

　왕이 대신들과 의논하여 최종 판결을 내렸어. 죄가 무거운 만큼 신중하게 조사하여 혹시라도 억울하게 사형당하는 일이 없도록 한 거야.
　또 아무리 큰 죄를 지은 사람이라도 15세가 안 된 미성년자나 70세 이상의 노인, 아이를 낳은 지 100일이 안 된 여자는 감옥에 가둘 수 없게 했어. 고문을 할 때도 사흘에 한 번 이상은 못하게 했고, 매를 때릴 때도 한 번에 30대 이상은 때리지 못하게 했어. 비록 죄인이라 해도 인간으로서 최소한 보호받을 수 있는 법적인 장치가 마련되어 있다는 것을 알 수 있지.
　과거 시험의 초시에서 합격자 수를 지역별로 할당해 뽑게 한 점도 눈여겨볼 만해. 지역별 인구 비율뿐만 아니라 지역마다 다른 문화 수준 등을 고려해서 경상도 100명, 함경도 35명 하는 식으로 합격자를 뽑아 지역별로 고르게 인재를 등용하려 했어. 이런 제도는 지역 차별이 여전히 문제가 되는 오늘날에 비추어 볼 때 시대를 앞서 간 법이라 할 수 있겠구나.
　「형전」에는 관청이나 나라에 속한 공노비의 출산 휴가에 관한 규정도 있어. 임신한 여자에게는 출산 전 30일, 출산 후 50일을 합쳐 80일의 휴가를 주고, 남편에게도 아내의 산후 조리를 돕도록 15일의 휴가를 주었어. 오늘날에는 임신한 여성에게 90일의 출산 휴가를 주고, 육아 휴직을 원하면 1년까지 허용해 주고 있지. 남편의 출산 휴가는 2008년에 생겼는데, 3일밖에 안 돼. 출산 휴가에 관해서만큼은 조선 시대가 지금보다 더 앞선 셈이야.

반면 『경국대전』은 유교의 나라 조선의 헌법이었던 만큼 오늘날의 관점에서 보면 한계도 많아.

조선은 집에서는 웃어른을 공경하고, 임금과 수령을 부모님 섬기듯 하라는 유교 이념을 내세운 나라였어. 그래서 집안의 가장이나 노비의 주인을 고발할 수 있는 경우는 단 한 가지, 나라에 반역을 꾀했을 때야. 만일 다른 이유로 고발하면 고발한 사람을 매로 다스렸지. 이런 법 조항 때문에 노비들은 억울한 사정이 있어도 주인을 고발하지 못했단다.

노비는 주인에게 의무만 있을 뿐 권리라고는 하나도 없었어. 노비가 주인을 때리면 무조건 칼로 목을 베어 죽이고, 노비가 실수로 주인에게 상해를 입혀도 곤장 100대를 치고 귀양을 보냈어. 조선이 노비에게 이렇게 가혹했던 까닭은 주인과 노비의 관계를 임금과 신하, 아버지와 아들의 관계처럼 여겼기 때문이야. 충과 효를 중요하게 여긴 지배 이념이 법전에 고스란히 담겨 있는 거지. 이 밖에도 과부가 다시 혼인하는 것을 금지하고, 재혼한 여자의 아들은 관직에 오를 수 없게 했으며, 서얼 출신들은 과거를 보지 못하게 한 것 등 한계가 많았어.

이런 문제점은 분명 있지만 『경국대전』은 오랜 시간을 공들여 만든 우리 고유의 성문 법전으로서 조선을 다스려 가는 데 기본이 된 최고 법전이었어. 이후 영조·정조·고종 대에 세 차례의 개정 작업이 있었지만, 법전의 기본 뼈대는 그대로 유지되었단다.

키워드 18 **중종반정**

신하들이 왕을 바꾸다

조선의 왕 이름에는 보통 '조'나 '종'이 붙지. 그런데 성종의 뒤를 이어 왕이 된 연산군은 왕자 시절 이름 그대로 '군'으로 남았어. 중종반정으로 왕위에서 쫓겨나 왕으로 인정받지 못했기 때문이야. 중종반정은 신하들이 연산군을 몰아내고 중종을 왕위에 올린 사건이란다. 조선이 세워진 이래 왕자들이 무력이나 불법적인 방법으로 왕위를 차지한 적은 여러 차례 있었지만, 신하들에 의해 왕이 바뀐 것은 중종반정이 처음이었어.

【 연산군과 두 차례의 사화 】

성종이 세상을 떠나자 첫째 아들 연산군이 왕위에 올랐어. 그리고 성종의 실록을 편찬하기 위해 실록청이 만들어졌어. 실록청 책임자인 이극돈은 혹시나 하는 마음에 사초를 살펴보았어. 평소 행실이 좋지 않아 자신에 대해 어떻게 쓰여 있을지 궁금했거든. 아니나 다를까, 김일손이 쓴 사초에 자신의 비리가 기록되어 있었어. 이대로 실록을 만들어서는 안 되겠다고 생각한 이극돈은 김일손의 사초에서 뭔가 꼬투리를 잡아내려고 꼼꼼히 살폈어. 사초를 보던 이극돈의 얼굴에 미소가 번졌어. 사림파 김종직이 쓴 「조의제문」이라는 글이 눈에 확 들어온 거야.

어느 날 김종직의 꿈에 중국 초나라의 왕 의제가 나타나 "나는 초나라 왕인데 항우에게 살해당해 물에 잠겼노라." 하더래. 어떤 역사서에서도 보지 못한 터라 김종직은 죽은 의제가 억울함을 알리려고 자신의 꿈에 나타난 거라 여겼어. 그래서 의제의 넋을 달래기 위해 제문을 쓴다는 내용이었지.

이극돈은 김종직이 쓴 글이 세조가 단종을 내쫓고 왕위를 차지한 것을 빗댄 것이라 판단하고 유자광과 이 사실을 의논했어. 김종직에게 원한이 있던 유자광은 이참에 아예 김종직의 제자들인 사림파를 조정에서 몰아내기로 했어. 유자광은 훈구파를 모은 뒤 연산군에게 김종직과 김일손이 왕을 모독하는 대역죄를 저질렀다고 고했어.

이 사건은 사초를 쓴 김일손에서 끝나지 않고 사림파 전체로 퍼져서 이미 죽은 김종직은 시신을 무덤에서 꺼내 다시 죽이는 부관참시를 당했어. 김일손, 권오복, 정여창, 김굉필 등 성종 때 관직에 나아간 많은 사림들이 처형을 당하거나 유배를 당했지. 이 사건을 무오년(1498년)에 사림이 화를 당했다 하여 '무오사화'라고 해.

무오사화로 사사건건 왕에게 입바른 소리를 하던 사림의 세력이 약해지자 연산군은 마음 놓고 향락과 사치를 일삼았어. 훈구파가 보기에도 민망할 지경이었지. 자연히 훈구파와 연산군 사이에는 갈등이 빚어졌어.

그런 와중에 연산군은 자신을 낳아 준 어머니 윤씨가 폐비가 되어 궁궐에서 쫓겨났다가 사약을 받고 죽었다는 사실을 알게 되었어. 이때까지만 해도 연산군은 성종의 계비인 정현 왕후를 친어머니로 알고 자랐거든. 연산군은 몹시 분노하며 윤씨를 쫓아내는 데 찬성했던 윤필상, 김굉필 등을 처형하고, 이미 죽은 한명회, 정창손, 남효온 등에게는 부관참시를 내렸어. 윤씨의 일에 조금이라도 관련이 있는

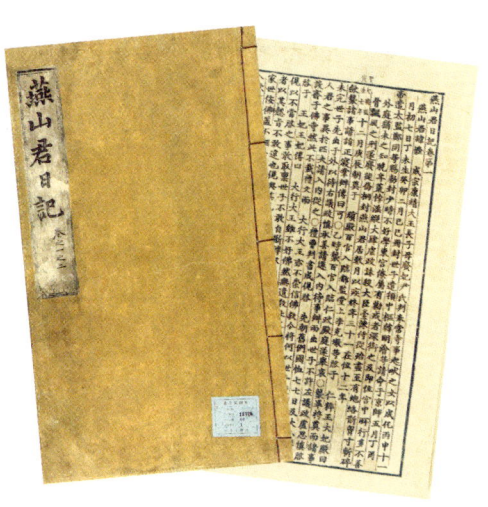

『연산군일기』 연산군이 왕위에 있던 시기의 일을 기록한 책이다. 조선 시대 다른 왕들의 실록과 같은 체제로 편찬되었지만, 연산군은 신하들에게 쫓겨나 임금으로 인정받지 못했기 때문에 일기라고 했다.

사람은 훈구파든 사림파든 가리지 않고 죽여 버렸지. 이 사건을 갑자년(1504년)에 일어난 사화라 하여 '갑자사화'라고 한단다.

【 중종반정이 일어나다 】

두 차례의 사화 뒤, 연산군은 점점 더 폭군이 되어 갔어. 경연과 사간원, 홍문관을 없애 버리고는 신하들의 말도 듣지 않고, 자기를 비판하는 신하는 살려 두지 않았어. 연산군은 신하들이 바른말을 하면 이렇게 말했단다.

"조선은 왕의 나라다. 조선 백성 모두가 왕인 나의 신하요, 조선 땅의 풀 한 포기까지 모두 내 것이다. 조선의 모든 것이 원래 내 것인데 너희가 내 것을 빼앗아 간 것이 아니더냐? 이제 내가 다시 찾아오려 하는데, 무엇이 문제란 말이냐?"

연산군은 나랏일을 돌보는 대신 날마다 기생들을 궁으로 불러들여 잔치를 벌이고, 심지어는 도성과 가까운 백성들의 집을 허물고 입구마다 금표를 세워 사냥터로 삼았어. 백성들에 대한 수탈도 더 심해져, 한 해 세금을 내기에도 벅찬 백성들에게 2, 3년 치의 세금을 미리 거둬들이게 했어.

연산군 금표비 연산군은 경기도 일대에까지 자신의 놀이터와 사냥터를 만들고 곳곳에 일반인의 출입을 금지하는 비석을 세웠다.

들어오면 목을 베어 버리라는 어명이시다!

연산군의 폭정이 날이 갈수록 심해지는 만큼 백성들의 원성도 함께 높아졌어. 훈구파도 연산군을 더는 두고 볼 수 없어서 1506년 연산군을 폐위하여 강화도로 귀양 보내고, 연산군의 이복동생 진성 대군(중종)을 왕위에 올렸어. 이를 '중종반정'이라고 해.

반정은 '바른 것으로 되돌린다.'는 뜻이야. 역성혁명처럼 왕을 다른 사람으로 바꾼 것이지만 차이가 있단다. 역성혁명은 성씨가 아예 다른 사람을 왕위에 올려 왕조 자체를 바꾸는 것이고, 반정은 왕조의 정통성을 가진 사람으로 왕위만 바꾼 거야. 곧 반정으로 왕이 된 중종은 성종의 둘째 아들이기 때문에 왕조 자체가 바뀐 것은 아니라는 말이지.

중종은 연산군 때 중단된 경연을 다시 시행하고 홍문관과 사간원 등 언론 기관을 되살리는가 하면 연산군 때 수없이 설치된 금표를 철거했어. 이 밖에도 중종은 잘못된 것을 바로잡고 새로운 정치를 펴고 싶었어. 하지만 훈구 세력에 의해 왕이 되었기 때문에 당장은 이들의 간섭을 벗어나기가 힘들었어. 중종반정 이후 조정의 권력은 반정공신들이 차지하고 있었거든.

중종은 박원종, 유순정, 성희안 등 반정 3공신과 회의를 끝내고 나면 이들이 물러날 때까지 자리를 지켰다고 해. 누가 왕이고 신하인지 분간이 안 될 정도로 반정 3공신의 위세가 하늘을 찔렀다는 얘기야. 반정공신들은 높은 관직과 토지와 노비들을 받은 것으로도 모자라 백성들의 토지를 빼앗고 막강한 권력을 이용하여 재산을 더욱더 불려 나갔어. 이들의 수탈에 못 이겨 전국으로 떠돌아다니는 농민들까지 생겨날 지경이었지.

중종이 왕위에 오른 지 8년째 되던 무렵 반정 3공신 가운데 영의정 성희안까지 모두 죽고 나자, 중종은 향촌에서 학문 연구에 전념하던 사림파를 등용하여 훈구파를 견제하기 시작했어. 그리고 사림 중에서도 가장 혁명적인 조광조를 등용하여 개혁 정치를 펴 나가게 된단다.

키워드 19 조광조

성리학 이념이 실현되는 이상 사회를 꿈꾸다

조광조는 서른네 살의 나이에 중종에게 뽑혀 조선을 개혁하는 데 온 힘을 쏟았어. 조광조는 중종의 전폭적인 신뢰를 받아 사간원의 말단 관리인 정6품 정언에서 시작해 사간원의 장관에 해당하는 종2품 대사헌으로 파격적인 승진을 거듭하며 개혁 정치를 이끌었어. 하지만 조광조의 개혁 정책은 훈구파의 반격으로 4년 만에 막을 내렸어. 조광조는 왜 개혁에 실패한 걸까? 그리고 조광조의 개혁이 실패로 끝났는데도 왜 오늘날까지 개혁을 얘기할 때마다 조광조가 사람들 입에 오르내리는 걸까?

【 사헌부의 관리가 되다 】

조광조는 무오사화로 귀양살이를 하던 김굉필에게서 성리학을 배웠어. 그리고 스물아홉 살이 되어서야 과거의 초시에 장원으로 급제해 성균관에 입학했지. 조광조는 어려서부터 행실이 바르고 아이답지 않게 근엄하며 엄격해서 자신은 물론 남의 실수를 잘 용납하지 않았다고 해. 성균관 유생 시절에도 학문이 높은 데다 자기 관리를 아주 철저히 하는 사람으로 유명해서 중종까지 유생 조광조를 알고 있을 정도였다고 하는구나.

조광조는 성균관에서 치러진 알성시에 2등으로 급제했어. 중종은 알성시의 시험 문제로, "오늘날과 같이 어려운 시대를 당하여 옛 성인의 이상적인 정치를 다시 이룩하려면 어떻게 해야 할 것인가."를 냈어. 조광조는 "임금이 성실하게 도를 밝히고 항상 삼가는 태도로 나라를 다스릴 때 신하와 백성들은 감명을 받으며, 임금이 신하를 믿고 일을 맡겨서 서로 도리를 다해 나랏일을 처리할 때 이상적인 정치를 이룰 수 있다."는 내용으로 자신의 생각을 펼쳤어.

마침 새로운 인재를 구해 개혁 정치를 펴려 했던 중종은 조광조의 단순하면서도 핵심을 찌르는 명쾌한 답안에 깊은 인상을 받았어. 이때부터 중종은 조광조를 신뢰하게 되었다고 해.

조광조는 관리들을 감찰하고 조정의 잘못된 점을 비판하는 사헌부의 관리로 임명되어 경연에서 자신의 생각을 아낌없이 펼쳤어. 조광소는 왕이 현명해야 나라를 잘 다스릴 수 있으므로, 왕 스스로 마음과 학문을 철저히 갈고닦아야 한다고 주장했어. 그리고 현명한 왕은 왕도 정치를 통해 성리학 이념이 백성들의 삶에까지 두루 미치는 세상을 이루기 위해 힘써야 한다고 했어.

조광조는 경연을 통해 중종을 그런 왕으로 이끌려고 했어. 더구나 중종은 왕세자가 아니었기 때문에 왕이 될 교육도 받지 못하고 어느 날 갑자기 왕위에 오른 터여서 더욱 강도 높은

성균관 친림강론도 조선의 왕들은 교육을 진흥시키기 위해 성균관에 행차해서 유생들과 유교 경전에 대해 직접 묻고 답하거나, 강서관을 시켜 경서를 강의하게 하는 일이 많았다. 왕이 성균관의 대성전에 행차해 공자의 위패에 참배한 다음 유생들의 공부 상황을 살피는 장면을 그린 그림이다.

새로운 세력 사림이 등장하다 143

공부가 필요하다고 생각한 거야. 중종도 조광조 말에 열심히 귀 기울이고, 나랏일에 대한 조광조의 판단과 주장에 힘을 많이 실어 주었어. 그러다 보니 조광조는 어느새 조정의 핵심 인물로 떠오르게 되었지.

【 조광조의 개혁 정치 】

조광조는 훈구파처럼 과거를 통해 뽑힌 관리들은 과거를 보려고 유교 경전을 달달 외우는 공부만 했기 때문에 성리학을 실천하는 데 한계가 있다고 보았어. 그래서 학문과 덕행이 높은 사람을 먼저 추천받아 시험을 치른 뒤 관리로 뽑는 '현량과'를 실시했어. 이때 뽑힌 관리는 대부분 사림 출신으로 조광조의 개혁 정치에 뜻을 함께하는 사람들이었지. 조광조는 현량과를 통해 뽑힌 사람과 함께 본격적인 개혁 정치를 펼쳐 나갔단다.

조광조는 조선을 완전한 성리학의 나라로 만들기 위해 중종에게 소격서를 폐지할 것을 요청했어. 소격서는 도교에 바탕을 두고 하늘에 제사를 지내는 관청이야. 조광조는 유교 국가인 조선에서 하늘에 제사를 지내는 것은 이치에 맞지 않다고 했어. 그러나 천재지변처럼 나라에 큰일이 일어났을 때 하늘신에게 제사를 지내는 전통은 예부터 있어 왔고 또 백성을 달래는 일이기도 했기 때문에 중종은 반대했어. 하지만 조광조가 여러 차례 상소를 올리고 성균관 유생들까지 나서자 결국 소격서는 폐지되었단다. 조광조와 사림 세력은 이를 계기로 더욱 확고한 주도권을 쥐게 된 반면, 중종은 왕권에 적지 않은 타격을 입었지.

조광조는 또 유교 질서를 확립하기 위해 지방 곳곳에 성리학의 기본 윤리가 담긴 『소학』을 보급하고, 지방의 자치 규율인 '향약'을 실시했어. 그 무렵 향촌에서는 수령들이 부패한 훈구파와 손잡고 백성을 수탈하는 일이 많아서

조광조 초상화

지방 자치 조직인 유향소와 지방의 자치 규율인 향약을 통해 그들의 횡포와 수탈을 막으려고 한 거야.

조광조는 이 밖에도 당시 농민을 가장 괴롭히던 공물(지방 특산물을 바치는 세금)의 폐단을 고쳐 백성의 생활을 안정시켰어. 또 토지를 모두 나라 땅으로 삼아서 농민들에게 똑같이 나눠 주자고 했어. 토지를 소유할 수 있는 상한선을 정해 부유

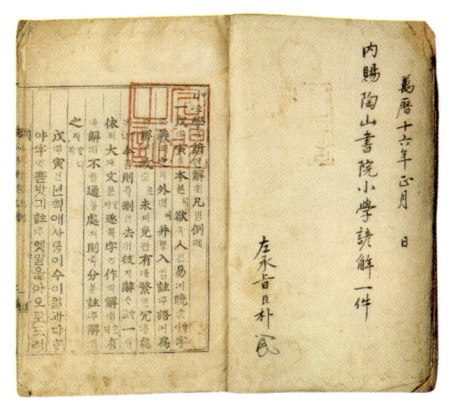

『소학언해』 일상생활에 필요한 유교 윤리와 규범을 담은 『소학』을 한글로 옮긴 책이다. 도덕적 실천을 강조하는 사림파는 특히 『소학』 공부를 중요하게 여겼다.

층이 재산을 마구 늘려 가는 것도 막으려 했지. 조광조의 이러한 개혁 정책은 백성들에게 열렬한 지지를 받았어. 『중종실록』에는 이에 대해 이렇게 적혀 있단다.

"조광조 등이 탄핵과 논박을 크게 행하므로 조정의 대신들이 지방을 함부로 범할 수가 없었고, 지방의 관리들도 스스로 조심하니 백성들의 근심이 사라지고 조정에도 뇌물을 쓰는 자가 없어졌다."

【 훈구파의 반격, 기묘사화 】

사정이 이렇다 보니 훈구파는 조광조의 개혁 정책을 강력히 반대했어. 조광조의 뜻대로 되면 자신들이 그동안 누려 왔던 것을 빼앗겨야 했기 때문이지. 게다가 훈구파 중에는 부정부패나 잘못된 행실 때문에 조광조의 탄핵을 받지 않은 사람이 거의 없었어. 그 무렵 조광조는 사헌부에 들어간 지 겨우 3년 만에 최고 관직인 대사헌 자리에 올라 있었거든.

조광조와 사림파가 점점 개혁의 강도를 높여 가는 만큼 훈구파는 점점 더 큰 위기감을 느꼈어. 그러던 참에 조광조가 '위훈 삭제'까지 단행하자 더는

참을 수 없는 지경에 이르렀지. 위훈 삭제란 중종반정으로 공신이 된 사람들 중에서 공을 세우지 않았는데도 가짜로 등록돼 있는 사람들을 공신 목록에서 삭제하자는 거야. 실제로 고위 대신에게 뇌물을 바치고 공신이 되거나, 반정공신이 자기 자식이나 친척을 명단에 올려서 공신이 된 사람이 아주 많았어. 그러다 보니 공신의 수가 117명이나 되어 태조나 태종 대에 책봉된 공신들보다 두 배가 넘었지. 결국 76명의 가짜 공신이 삭제되고 이들에게 내린 관직과 재산을 몰수하기에 이르자, 반정공신들과 훈구파는 조광조를 제거할 본격적인 계획을 세우게 된단다.

훈구파는 궁녀를 시켜 나뭇잎에 '주초위왕(조씨가 왕이 된다)'이라는 글자를 새겨 꿀을 바른 다음 벌레가 갉아 먹게 했어. 주초위왕(走肖爲王)에서 주(走)와 초(肖)를 합치면 조(趙)라는 글자가 되는데, 조는 바로 조광조를 가리키는 거야. 훈구파는 이것을 조광조가 역모를 꾀하려 했다는 증표라며 중종에게 올렸어.

마침 이때 중종은 조광조와 사림파가 유교적인 이상 정치를 주장하며 왕권을 강도 높게 견제하자 부담을 느끼고 있었어. 왕권을 강화하려는 중종에게 사림파가 걸림돌이 된 거지. 중종은 이 사건을 조광조와 사림파를 제거할 기회로 삼고 이들을 귀양 보냈어.

조광조는 전라도로 귀양 간 뒤 중종이 내린 사약을 마시고 38세의 짧지만 굵은 삶을 마쳤어. 그리고 조광조의 개혁 정책을 지지했던 사림파의 많은 선비들이 또다시 화를 당했어. 1519년 기묘년에 일어난 이 사건을 '기묘사화'라고 한단다.

조광조의 죽음으로 개혁 정치도 중단되었어. 오히려 중종은 위훈 삭제로 공신에서 제외된

조광조의 묘 조광조는 지금의 전라도 화순으로 귀양을 갔다가 사약을 받고 죽었다. 조광조의 무덤은 이듬해에 조상의 무덤이 있는 경기도 용인으로 옮겨졌다.

조광조의 시비 조광조의 묘역에 세워진 시비에는 조광조가 사약을 받기 전에 지은 시가 다음과 같이 새겨져 있다. "임금을 어버이처럼 사랑하고, 나랏일을 내 집 일처럼 걱정하였네. 밝디밝은 해가 이 세상을 내려다보니, 거짓 없는 내 마음 환히 비춰 주리."

시람들을 원래대로 돌려놓고 폐지했던 소격서까지 부활시키는 등 조광조가 이루어 놓은 개혁 조치들을 원점으로 되돌리고 말았단다. 조정에서는 반정 공신들이 다시 권력을 잡고 온갖 부귀영화를 누렸고, 먹고살기 위해 어쩔 수 없이 도둑이 되어 가는 백성들은 늘어만 갔어.

그렇다면 조광조의 개혁은 아무 의미가 없었던 걸까? 그렇지는 않아. 비록 후대에 조광조와 사림파가 너무 성급하게 개혁을 이루려다 실패했다는 평가를 받기도 했지만, 이들이 이루려고 했던 도덕 정치와 개혁 정신은 조선 중기 이후 지금까지 면면히 이어져 오고 있으니까 말이야.

조광조는 오히려 역사의 승리자로 남았어. 16세기 중반에 이르러 조광조의 사상과 학문을 이어받은 사림파가 역사의 전면에 등장하게 되거든. 조선의 성리학을 대표하는 이황, 조식, 이이 같은 학자들이 바로 그들이란다. 사림파는 그 뒤 학문이나 현실을 보는 시각이 각각 달라 여러 정파로 나뉘지만, 조광조는 정파를 떠나 모든 사람에게 존경을 받았단다.

키워드 20   **서원과 향약**

사림파의 밑거름이 되다

연산군과 중종 때 세 차례의 사화를 겪고 명종 때 또다시 을사사화까지 당한 사림파는 조정에서 물러나야 했어. 더욱이 명종 때는 문정 왕후와 외척인 윤원형이 권력을 잡고 조정을 좌지우지할 때라 사림파는 조정에 얼씬도 할 수 없었지. 하지만 고향으로 내려간 사림은 지방에서 조용히 힘을 키우며 때를 기다렸어. 그리고 마침내 선조 때에는 조정에서 다시 중요한 세력으로 자리를 잡게 돼. 사림이 이렇게 다시 일어설 수 있었던 데에는 그들이 지방에 살면서 일궈 놓은 서원과 향약의 힘이 컸단다.

【 지방의 사교육 기관, 서원 】

성균관이 도읍 한양에 있는 국립 대학이라면 조선 중기 지방에 세워진 서원은 사립 대학이라고 할 수 있어. 우리나라에서 처음으로 서원을 세운 사람은 주세붕이야. 주세붕은 경상도 풍기 군수로 부임하면서 그곳 출신인 성리학자 안향을 기리기 위해 사당을 지었어. 안향은 고려 때 중국의 성리학을 우리나라에 처음 들여온 사람이야. 주세붕은 이듬해에 사당 옆에 서원을 세워 지방 양반 자제들에게 성리학을 교육했어. 이 서원이 바로 우리나라 최초의 서원인 백운동 서원이란다.

서원은 이렇게 안향처럼 이름난 선비나 공신을 기리고 인재를 기르기 위해 세워졌어. 서원도 한양의 성균관과 지방의 향교처럼 제사를 지내는 기능과 학문을 연구하는 기능을 함께 했지.

주세붕 초상화(보물 717호)

백운동 서원은 퇴계 이황이 풍기 군수로 부임한 뒤 소수 서원으로 이름이 바뀌었어. 이황이 명종에게 서원을 지원해 달라고 요청하자, 왕이 직접 소수 서원이라고 적힌 현판을 내리면서 토지와 서적, 노비 등을 지원해 준 거야. 이렇게 왕이 직접 이름을 지어 현판을 내려 준 서원을 '사액 서원'이라고 해. 나라에서 승인을 받았다는 뜻이지. 사액 서원이 되면 나라에서 토지, 서적, 노비뿐만 아니라 세금과 군역을 면제해 주는 등 여러 가지 특권을 주었어.

　　명종 때 을사사화가 일어난 뒤 지방으로 물러난 사림파 학자들은 더 늘어났어. 이들은 곳곳에 서원을 세워 함께 학문을 연구하고 토론하면서 중앙 정치에 대해 여론을 형성하는 한편, 인재들을 모아 학문을 가르쳤어. 사림이 서원을 중심으로 학문과 교육을 발전시키는 데 힘을 쏟자, 지방의 양반 자제들은 대부분 서원에 입학했단다.

소수 서원과 현판 소수 서원은 우리나라 최초의 서원이자 임금이 현판을 내린 최초의 사액 서원이다. 소수 서원의 현판은 조선의 13대 임금 명종이 직접 쓴 글씨를 새긴 것이다.

경주 옥산 서원 조선 전기의 대표적인 성리학자로 퇴계 이황에게 큰 영향을 끼친 이언적의 학문과 덕행을 기리기 위해 세운 서원이다.

식당록과 북 식당록은 안동의 도산 서원에서 식사를 한 유생들의 이름을 적은 명부로, 출석부를 대신하기도 했다. 북은 예천의 도정 서원에서 원생들에게 공지 사항을 알릴 때 썼던 것이다.

사림은 지방에서 실력을 쌓으며 관직에 나아갈 기회를 기다렸어. 이때 사림의 학문적인 토대와 정치적인 발판을 마련할 수 있었던 곳이 바로 서원이란다. 그런데 선조 이후 사림파가 다시 정권을 잡으면서 서원은 붕당 정치의 근거지가 되었어. 서원이 학덕 높은 스승을 중심으로 학파를 형성하고, 같은 학파에서도 정치적으로 입장이 다른 파벌이 생기면서 저마다 자신들의 세력을 넓히기 위해 서원을 이용했기 때문이야.

【 지방 자치를 위한 향약 】

향약은 중종 때 급진적인 개혁 정책을 폈던 조광조가 처음 시행했어. 향약은 원래 중국 송나라 때의 학자 여대균이 만든 '여씨향약'을 성리학자 주희가 수정하고 보완한 거야. 여씨향약은 "착한 일은 서로 권하고, 잘못된 것은 서로 규제하며, 서로 예절을 지키고, 어렵고 힘든 일을 서로 돕는다."는 4대 덕목을 기본 강령으로 하는데, 이것이 조선의 향약에도 그대로 적용되었어.

이황이 쓴 향약의 서문 선비는 덕과 도로써 마을 백성을 이끌어야 한다는 향약 시행 목적을 적었다.

사림은 향약을 시행하면서 지방 양반의 명단인 향안을 만들었어. 향안에 이름이 올라가야 양반 행세를 할 수 있었지. 향안에 이름이 올라간 지방 양반은 자치 기구인 향회를 만들어 지방의 여론을 모으고, 세금이나 부역에 관한 문제 따위를 의논하면서 지방 백성을 지배하고 통제했어. 사림은 향약을 통해 성리학의 입문서인 『소학』을 전국적으로 보급하고, 향회를 통해 세력을 모아 중앙 정부와는 별도의 통치 기반을 만들어 갔단다.

조선 중기부터 향약은 백성에게 성리학 이념을 보급하고 실천하는 매개체 역할을 충실히 했어. 하지만 점차 양반층의 이익을 보호하는 기구가 되면서 폐해가 생겨났어. 특히 18세기 후반에는 관직을 사서 지방관이 되는 사람이 많았는데, 이들은 향약을 이용해 관직을 산 대가를 몇 배로 거둬들이기도 했어. 그래서 실학자 정약용은 "향약의 폐단이 도둑보다 심하다."고까지 했단다.

키워드 + 향촌 사회

스스로 움직이는 향촌 사회

조선 시대에는 지방을 향촌이라고 불렀어. '향'은 행정 구역상 군과 현을 일컫는 말이고, '촌'은 군·현보다 작은 단위인 시골 마을을 뜻해. 향촌에는 양반, 농민, 노비 등 다양한 계층의 사람들이 어우러져 살았단다.

향촌 사회에서 영향력 있는 사람들 가운데 사회적인 지위는 있지만 관리가 되지 못한 사람들, 벼슬에서 물러나 지방에 자리 잡고 살던 사람들을 선비 또는 사족이라 했어.

이들은 유향소라는 기구를 만들어 지방의 풍속을 바로잡고, 수령을 도와 일하는 이방과 호방 등 6방의 부정을 감시하는 역할을 했어. 또 행정권·사법권·군사권을 가진 수령이 권력을 휘둘러 향촌의 백성을 수탈하는 일이 생기면 수령에게 모욕을 주어 혼내기도 했지. 그러니까 유향소는 오늘날의 지방 자치 단체와 비슷한 거야. 조선은 이런 조직을 통해 지방을 다스리고 성리학에 바탕을 둔 향촌 사회를 만들어 갔어.

그런데 유향소와 일반 백성이 중앙에서 파견한 관리를 욕보이고 간섭하는 일이 자주 일어나자, 조정에서는 유향소를 견제하기 위해 한양에 경재소를 만들었어. 중앙의 고위 관리에게 자기 출신 지역에 있는 유향소를 관리하게 한 거야. 세종 때는 반역을 꾀하지만 않으면 수령을 고소하거나 고발하지 못하게 하는 법을 만들기도 했지. 유향소 같은 지방 자치 기구의 영향력이 지나치게 커지면 중앙 집권 체제에 걸림돌이 되기 때문이야.

조선 시대의 향촌 마을 성리학자 이언적 등 뛰어난 인재를 많이 배출한 경상북도 경주의 양동 마을이다. 조선 시대 향촌 마을의 모습을 잘 보존하고 있어서 2010년 유네스코 세계 문화유산에 등재되었다.

경재소의 권한이 커지면서 유향소는 자치 기구로서 역할이 많이 줄어들었어. 경재소의 눈치를 보고 수령과 타협하는 일이 많아졌지. 심지어는 수령과 한통속이 되어 백성을 괴롭히기까지 했단다. 경재소의 관리들 또한 유향소를 통해 개인적으로 필요한 물품을 구하거나 권세를 이용해 백성들을 수탈하기도 했어.

유향소와 경재소가 제 역할을 다하지 못하고 문제를 일으키자 조정에서는 지방마다 향약을 보급하게 했단다. 향약은 양반들의 지위를 확실하게 세워 주었기 때문에 지방의 양반들은 이를 적극적으로 받아들였어. 하지만 향약은 유향소나 경재소와 마찬가지로 일반 백성들에게는 별 도움이 되지 않았어. 그래서 일반 백성들은 스스로 두레, 품앗이, 계 같은 모임을 만들어 향촌 사회를 지켜 갔단다.

두레는 힘든 농사일을 공동으로 하기 위해 만든 조직이야. 농민들은 두레를 통해 모내기, 김매기, 벼 베기, 보리타작처럼 많은 사람이 한꺼번에 들러붙어 해야 하는 농사일을 함께 하고 놀이도 함께 즐겼어. 농악대의 흥겨운 풍물 소리도 두레를 통해 오늘날까지 전해질 수 있었지.

품앗이는 일해 준 대가로 돈을 받는 대신 서로 노동을 교환하는 거야. 농사일은 물론 지붕을 잇거나 집을 지을 때 일손이 모자라면 서로 도움을 주고받았지. 집안에 경사스러운 일이 있어 음식을 장만할 때도 여자들이 서로 품앗이를 하며 두터운 관계를 만들어 갔단다.

계는 모임이라는 뜻으로, 돈이나 곡식을 거두었다가 필요할 때 쓰게 한 거야. 두렛일이나 마을 행사에 필요한 경비에도 쓰고, 상을 당하거나 혼례를 치를 때 경비가 모자라면 계에서 모아 둔 돈이나 곡식을 쓸 수 있게 했지. 일반 백성들은 이렇게 힘을 보태 어려울 때 서로 도우며 살았단다.

농기 두레 조직이 두렛일을 하거나 놀이를 펼칠 때 항상 곁에 세워 두던 깃발이다. 농업이 천하의 근본이라는 내용이 적혀 있다.

키워드 21   **이황과 이이**

조선의 성리학을 완성하다

16세기 이후 성리학은 조선의 정치, 사회, 윤리 등 사회 질서를 세우는 학문으로 완전히 자리 잡게 되었어. 중국에서 들어온 성리학이 조선의 성리학으로 탄생하는 데에는 많은 유학자들의 노력이 있었지. 그 가운데 가장 대표적인 인물이 이황과 조식, 그리고 이이란다. 이들은 저마다 학문의 방향과 실천 방법은 조금씩 달랐지만, 조선의 성리학이 발전하는 데 큰 역할을 했어.

【 송나라의 성리학이 조선의 성리학으로 거듭나다 】

중국 남송의 주희는 인간의 내면과 현실 문제에 깊은 관심을 갖고 유교를 새롭게 해석하여 성리학을 탄생시켰어.

  주희는 모든 사물은 '이(理)'와 '기(氣)'의 결합이라고 했어. 주희는 이와 기 중에서도 변하지 않는 이를 아주 중요하게 생각했단다. 천하의 만물이 만물이 된 까닭이 곧 이이고, 각각의 아름다움도 이라고 했지. 이를테면 인간의 이는 인간 된 까닭이자 인간다움의 원리라는 거야.

  주희는 성리학이 인간에게만 적용되는 학문이 아니라 우주 만물에 두루 적용되기를 바랐어. 사물은 물론 정치, 경제, 사회, 윤리 등에 이와 기를 적용시키는 이론을 '이기론'이라고 해. 이기론은 첨단 과학 시대를 살고 있는 우리에게는 조금 낯설고 엉뚱해 보이는 면도 있지만 당시 사람들에게는 새로운 이론이었단다.

  조선은 주희의 성리학을 받아들여 통치 이념으로 삼았어. 조선의 유학자들은 고려 때 지배 이념이었던 불교를 비판하고, 유교 경전을 토대로 법전을 편찬하고, 『삼강행실도』 같은 윤리 교과서를 널리 퍼뜨리는 등 사회 전반에 성리학이 뿌리내리도록 힘을 쏟았어.

이처럼 조선의 성리학은 건국 이념으로서 사회 질서를 세우고 현실 문제를 해결하기 위한 학문적인 특징을 지니고 발전해 갔어. 또한 학문을 연구하는 데서만 그치는 것이 아니라 스스로 깨닫고 배운 바를 실천하는 것도 중요하게 여겼단다.

조선의 성리학이 학문적으로 더욱 발전한 것은 화담 서경덕에 이르러서야. 황진이, 박연폭포와 함께 송도 3절로 유명한 서경덕은 과거에는 뜻을 두지 않고 주로 산림에서 후학을 가르치며 검소하게 살았단다.

서경덕은 조선의 성리학에 본격적으로 철학 문제를 제기했어. 서경덕은 이의 입장이 아닌 기를 가지고 만물을 설명했어. 곧 기를 중심으로 세계를 이해한 거야. 서경덕은 이보다는 기를 중시하는 '주기론'의 선구자였어.

부채를 부치면 바람이 이는 현상을 서경덕은 이렇게 설명했단다.

"부채가 바람을 만들어 내는 것이 아니라 천지 사이에 가득한 기를 부채가 움직이게 하는 것일 뿐이다."

서경덕은 송나라의 성리학이 조선의 성리학으로 거듭나는 데 첫 돌을 놓았어. 모르는 것이 있으면 그 내용을 적어 벽에 붙여 놓고 깨우칠 때까지 생각을 거듭하곤 했다는구나. 이것은 독서

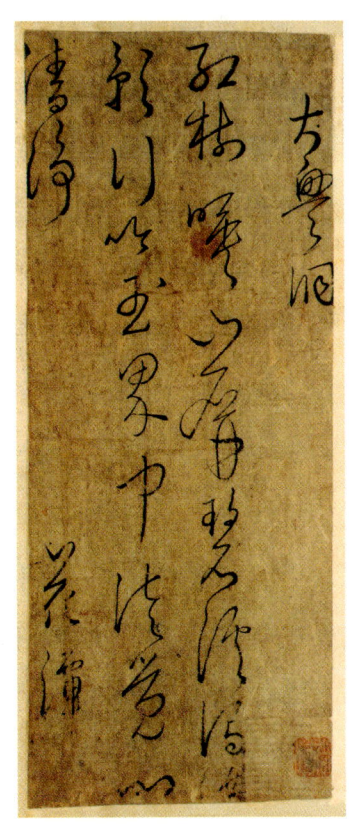

서경덕의 글씨 서경덕은 평생 벼슬길에 나가지 않고 산림에 묻혀 살면서 학문에 전념했다. 서경덕이 쓴 「대흥동」은 바로 숲 속 생활에서 느끼는 만족감을 표현한 시이다.

새로운 세력 사림이 등장하다 155

와 정신적인 수양을 중요시했던 주희의 성리학과는 다른 방법이었어.

【조선의 성리학을 확립한 퇴계 이황】

연산군 때 태어난 퇴계 이황은 중종·인종·명종·선조 대까지 정치적으로 혼란한 시기를 살았어. 열아홉 살에 조광조가 희생당한 기묘사화를 목격했고, 마흔다섯 살 때는 을사사화로 형이 죽는 것을 봐야 했어. 정치에 환멸을 느낀 이황은 마흔세 살 이후로는 관직 생활을 하고 싶지 않아 스무 번이나 관직을 마다했지. 이황은 예순 살에 고향인 안동으로 내려가 남은 인생을 학문 연구와 후배 유학자들을 기르는 데 바쳤단다.

이황은 인간 고유의 가치와 인간다움이 무엇인지를 연구했어. 이황은 자신을 성찰하여 얻은 깨달음을 실천하는 것이 학문의 목적이라고 했어. 인(仁)을 추구하여 성인의 경지에 이르는 것이야말로 제대로 학문을 닦는 길이라는 거야. 이황은 이(理)와 기(氣) 가운데 이를 중요하게 여겼어. 서경덕이 기를 근본으로 하는 주기론의 선구자라면, 이황은 이를 근본으로 하는 '주리론'을 대표하는 학자란다.

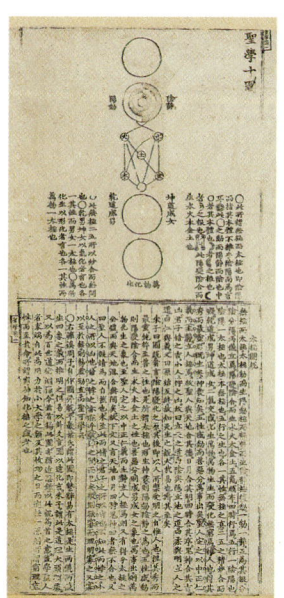
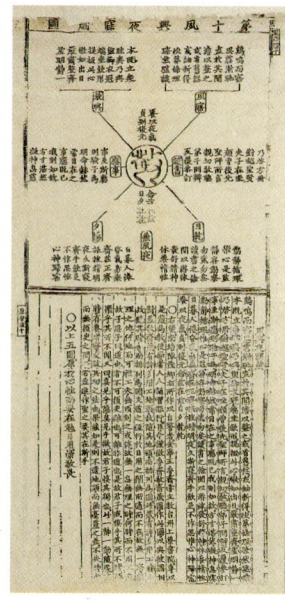

"배는 마땅히 물에서 다녀야 하고, 수레는 마땅히 땅에서 다녀야 하니, 이것이 이이다. 배가 땅에서 다니고 수레가 물에서 다니는 것은 이가 아니다. 임금은 마땅히 어

『**성학십도**』 이황이 성리학의 핵심 내용을 간략하게 설명한 10개의 도표 가운데 1장 태극도(왼쪽)와 10장 숙흥야매잠도(오른쪽)이다. 이황은 선조가 성군이 되기를 바라는 뜻에서 군왕으로서 알아야 할 학문의 요체를 그림으로 풀어 선조에게 올렸다.

이황 초상화

도산 서원 전교당 도산 서원은 원래 이황이 도산 서당을 짓고 제자들을 가르치며 학문을 닦던 곳이다. 이황이 죽은 뒤 그의 학덕을 기리기 위해 세웠다. 전교당은 도산 서원의 강당으로 썼다. 보물 210호.

질어야 하고, 신하는 마땅히 임금을 공경해야 하며, 아버지는 마땅히 자식을 사랑해야 하고, 자식은 마땅히 부모에게 효도해야 하니, 이것이 이이다."

이황은 이가 기보다 위에 있고 귀한 것이라고 하면서, 이를 따르면 성인이 되고 기를 따르면 평범한 사람이 된다고 했어.

이황은 성리학 연구가 깊어지면서 다른 유학자들과 논쟁을 벌이기도 했어. 그 가운데 유명한 것이 59세의 이황과 33세의 기대승이 벌인 '사단 칠정 논쟁'이야. 이황과 기대승의 논쟁이 된 '사단'은 맹자가 말한 인간의 착한 마음으로, 측은지심(남을 불쌍히 여기는 마음), 수오지심(옳지 않은 것을 부끄러워하고 미워하는 마음), 사양지심(남에게 양보하는 마음), 시비지심(옳고 그름을 가릴 줄 아는 마음)을 말해. 이것들은 사람이 마땅히 갖추어야 할 네 가지 성품인 어질고(인), 의롭고(의), 예의 바르고(예), 지혜로움(지)의 단서가 돼. 그래서 '사단'이라고 하는 거야. '칠정'은 사람이 느끼는 일곱 가지 감정인 기쁨, 노여움, 슬픔, 두려움, 사랑, 미움, 욕심을 말해.

이황은 "사단은 이가 발한 것이고, 칠정은 기가 발한 것이다."라고 했어.

기대승은 이황이 사단과 칠정을 각각 이와 기가 발한 것으로 나누는 건 이와 기를 두 가지로 나누는 게 된다며, 이와 기는 나눌 수 없는 것이라고 반박했어.

8년 동안 이어진 사단 칠정 논쟁은 주희의 이기론이 조선 성리학자들 사이에서 새로운 학문인 '심성론'으로 탄생하는 과정이었어. 이는 중국에서는 찾아볼 수 없던 거란다.

【 칼을 찬 선비 학자, 남명 조식 】

흔히들 퇴계 이황과 함께 조선 성리학의 쌍벽을 이룬 학자 하면 율곡 이이를 떠올릴 거야. 하지만 실제로 이황과 여러모로 견줄 수 있는 사람은 남명 조식이란다. 이황의 근거지는 경상 좌도이고 조식의 근거지는 경상 우도였기 때문에, 이황과 조식은 '좌퇴계 우남명'으로 불리며 영남학파의 양대 산맥을 이루었어.

하지만 조식은 이황과 이이보다 잘 알려지지 않았어. 조식의 제자 정인홍이 인조 때 역적으로 몰려 죽음을 당한 뒤로 집권 세력이 정인홍의 스승인 조식을 깎아내렸기 때문이야. 그렇다면 남명 조식은 어떤 사람일까?

조식은 이황과 같은 해에 경상도에서 태어났어. 명종과 선조가 여러 번 벼슬을 내렸지만, 조식은 한 번도 벼슬길에 나아가지 않고 산림에서 후학을 가르쳤어. 그렇다고 산림에만 묻혀 조용히 지낸 건 아니었어. 조식은 누구보다 적극적으로 현실 문제를 해결하기 위해 애썼단다.

조식은 학문에서 무엇보다 수양과 실천의 중요성을 강조했어. '경(敬)'을 통한 수양을 바탕으로 과감하게 실천하는 '의(義)'를 내세우며, 이를 철저하게 실천했지. 조식은 늘 허리춤에 방울을 차고 품에는 칼을 지니고 다녔다는구나. 바로 이 방울과 칼이 조식의 사상을 상징적으로 나타내는 것이지.

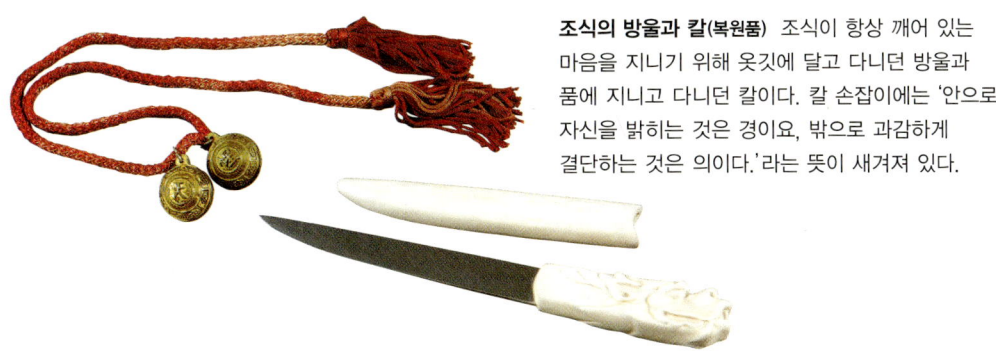

조식의 방울과 칼(복원품) 조식이 항상 깨어 있는 마음을 지니기 위해 옷깃에 달고 다니던 방울과 품에 지니고 다니던 칼이다. 칼 손잡이에는 '안으로 자신을 밝히는 것은 경이요, 밖으로 과감하게 결단하는 것은 의이다.'라는 뜻이 새겨져 있다.

조식은 평소에는 학문을 닦으며 수양을 하다가 조정에 잘못이 있을 때는 상소를 올려 과감하게 문제점을 지적하고 거침없이 정치 현실을 비판했어. 명종에게 올린 상소문 한 토막을 보자.

"문정 왕후께서는 생각이 깊으시기는 하나 궁중의 한 과부요, 전하께서는 어리시어 선왕의 한 아들일 뿐이니, 재앙은 천 가지 백 가지로 닥치고 인심은 억만 가지로 갈라지는데 무엇으로 이를 감당하며 무엇으로 수습하시겠사옵니까."

조식은 당시 어린 왕인 명종을 대신하여 나라를 다스리던 문정 왕후와 외척 세력의 부정부패를 비판하며 문정 왕후를 '궁중의 한 과부'에 지나지 않는다고까지 서슴없이 표현했어. 말 한마디로 목숨까지 잃을 수 있는 상황인데도 조식은 잘못된 현실을 바로 지적하고 비판하는 것이 선비의 역할이라고 생각했단다.

조식이 성리학의 실천 문제에 힘쓴 것은 당시의 성리학이 이론적인 면을 중시하고 현실 문제에는 소홀하다고 생각했기 때문이야. 조식은 이황이 기대승과 논쟁을 벌일 때 이런 편지를 보내기도 했어.

"요즘 공부하는 자들은 빗자루질을 하고 손으로 물을 뿌려 손님을 맞는 법도도 모르면서 입으로는 천 리를 말하며 헛된 이름이나 훔쳐서 남을 속이려 합니다. (……) 선생께서 꾸짖어 타이르심이 어떻겠습니까?"

이황과 기대승이 현실과 동떨어진 논쟁을 벌이는 것을 꼬집은 거야. 이황과 조식은 이처럼 학문의 방향과 현실을 보는 시각이 달랐어.

【 이론과 현실을 모두 중시한 율곡 이이 】

율곡 이이는 강원도 강릉 외가에서 태어났어. 열세 살에 초시에 급제할 정도로 학문적 재능이 뛰어났지만, 열여섯 살에 어머니 신사임당이 세상을 떠나자 방황을 하기도 했어. 그만큼 어머니에 대한 사랑이 남달랐지.

이이는 열아홉 살에 절에 들어가서 불교를 공부하다가 산을 내려온 뒤 본격적으로 유학을 공부했어. 스물세 살 때는 이황을 찾아가 가르침을 청하기도 했지. 이황은 서른다섯 살이나 아래인 젊은 선비의 재능과 학문이 예사롭지 않다는 것을 한눈에 알아보고 이렇게 평가했어.

"젊은 사람이 밝고 쾌활하며, 기억하고 본 것이 많고, 자못 학문에 뜻이 있으니 가히 후생이 두려울 만하다."

이이는 스물세 살부터 스물아홉 살 때까지 과거에서 무려 아홉 번이나 장원 급제를 했어. 그래서 이이를 '구도장원공'이라고 부른단다.

관직 생활을 하던 이이는 선조에게 길고 긴 상소문을 올려 시대 상황에 맞는 제도와 법을 만들어 연산군 때 늘어난 세금의 양을 줄이고, 생산되지도 않는 특산물을 바치는 일이 없게 하는 등 백성들의 현실 문제를 해결해야 한다고 건의했어. 이처럼 이이는 당시 사회의 문제를 해결하고자 적극적으로 정치에 참여했단다.

이이는 이황이 이와 기를 나누는 것에 반대

이이 초상화

하며 이와 기는 서로 떨어질 수 없다고 주장했어. 이이는 인간의 마음을 인심과 도심으로 나눈 것은 변하지 않는 이를 근원으로 하는 순하고 착했던 마음이 기의 작용으로 선과 악으로 나누어지기 때문이라고 했어. '인심'은

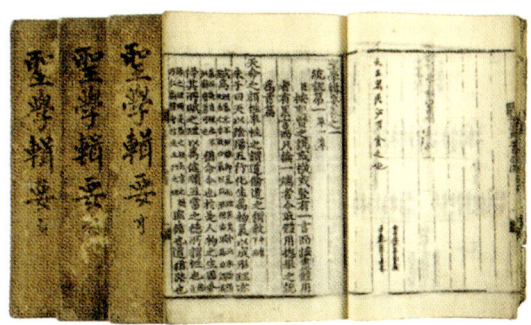

『성학집요』 율곡 이이가 왕의 학문을 위해 유교 경전에 있는 성현의 말씀을 뽑아 정리한 책이다. 이이는 이 책에서 왕은 인격을 갈고닦아서 좋은 신하를 뽑아 이들에게 나랏일을 맡김으로써 왕도 정치를 이룰 수 있다고 주장했다.

감각적인 욕구에 따른 마음의 작용으로, 배고플 때 먹으려 하는 것, 추울 때 입으려 하는 것, 힘들 때 쉬고자 하는 것 등을 말해. '도심'은 도덕적 본성에 따른 마음의 작용으로, 어버이에게 효도하고 임금에게 충성하고자 하며, 어린애가 배고파 우는 모습을 볼 때 측은하게 여기고, 의가 아닌 것을 볼 때 부끄러워하고 싫어하는 것을 가리켜.

이이는 인심과 도심은 각각 다른 마음이 아니라 같은 마음의 두 가지 상태를 구분하기 위해 편리하게 붙인 이름이라고 했어. 기의 입장에서 '인성론'을 펼친 이이는 대부분의 성리학자들이 인간의 욕망을 부정했던 것과는 달리 육체적인 욕구를 인정했단다.

이황과 이이를 거치면서 조선의 성리학은 이황을 따르는 학자들과 이이를 지지하는 학자들로 나뉘게 돼. 이황을 지지하는 학자들은 주로 경상도가 있는 영남 지역에 살아서 영남학파라 하고, 이이를 지지하는 학자들은 기호 지방(경기도·황해도·충청도)에 살아서 기호학파라고 해. 이후 두 학파는 다시 여러 학파로 나뉘게 된단다.

키워드 22 임꺽정

백성을 도적으로 만드는 세상

명종이 나라를 다스리던 시기, 임꺽정이 살던 황해도에는 누가 도둑이고 누가 백성인지 모를 만큼 도둑이 들끓었어. 특히 임꺽정이 우두머리로 활약했던 도적 집단은 양반과 권세가들의 집을 습격해 백성에게서 수탈한 재물을 도로 빼앗고 관청까지 습격해 온 조선을 흔들어 놓을 정도로 활약이 대단했지. 명종과 권세가들은 임꺽정 무리를 흉악한 도적 떼나 반란군으로 여기고 토벌하느라 안간힘을 썼지만, 백성들은 이들을 의적이라 여겨 남몰래 돕기도 했단다.

【 문정 왕후와 윤원형의 외척 정치 】

중종의 뒤를 이어 왕위에 오른 인종이 8개월 만에 죽자, 중종의 세 번째 왕비인 문정 왕후의 아들 명종이 왕이 되었어. 명종은 나이가 어려 문정 왕후의 수렴청정을 받아야 했어. 문정 왕후는 남동생 윤원형과 함께 명종의 뒤에서 마음껏 권력을 휘둘렀지.

명종이 스무 살이 되자 문정 왕후의 수렴청정은 끝났지만, 문정 왕후는 명종의 외삼촌인 윤원형과 함께 여전히 영향력을 행사하며 막강한 권력으로 부를 쌓았어. 문정 왕후는 윤원형의 첩을 이용하여 상인들에게서 사사로이 세금을 거둬들이기까지 했어. 윤원형은 다른 사람의 집과 노비, 땅을 강제로 빼앗기도 했지. 문정 왕후와 윤원형이 이처럼 부정부패를 일삼자 지방의 수령들도 덩달아 부패해져 공물과 세금을 쥐어짜며 백성을 괴롭혔어. 그러다 보니 조선의 정치는 엉망이 되어 갔단다.

이런 틈을 타고 수천 명의 왜구가 침입하여 조선 땅을 짓밟고 백성들을 괴롭혔어. 조정에서 왜구를 간신히 막아 내긴 했지만 문정 왕후와 윤원형 등의 외척 정치 탓에 정치는 혼탁해지고, 권세가들의 계속되는 수탈에 농민들은 농사지을 땅을 잃고 떠돌아다니게 되었지. 그러면서 백성들은 스스로 먹을 것을 구하기 위해 도적이 되어 갈 수밖에 없었단다.

【 의적 임꺽정 】

도적의 무리 중에서는 황해도의 임꺽정이 홍길동, 장길산과 함께 조선을 대표하는 3대 도적으로 유명했어.

임꺽정이 살던 황해도에는 일찍이 농민들이 개간한 땅이 많았어. 그런 땅이 왕실이나 일부 권세가들에게 넘어가 땅을 잃은 농민들이 많이 생겨났어. 갈대가 무성한 저습지에 사는 농민들은 갈대를 채취해 삿갓이나 바구니 따위를 만들어 팔아 먹고살았는데, 권세가들에게 갈대밭마저 빼앗기자 이들에게서 갈대를 사다 써야 하는 처지가 되고 말았지. 더군다나 황해도 지방 관리의 대부분이 문정 왕후의 친정붙이였는데, 이들은 백성을 돌보기는커녕 권세를 이용해 오히려 더 괴롭혔단다.

황해도 백성들의 고통은 이뿐만이 아니었어. 특산물로 노루와 사슴을 나라에 바쳐야 했는데, 큰 노루가 아니면 퇴짜를 맞았기 때문에 번번이 더 큰 노루를 잡아야 했던 거야. 노루를 하도 잡아 대서 씨가 말라 못 잡으면 먼 한양까지 가서 사다가 바쳐야 할 지경이었단다. 이처럼 살기가 힘들어지자 황해도 백성들은 이리저리 떠돌다가 도적이 되었어.

원래는 경기도 양주에서 백정 일을 하다가 황해도로 옮겨 와 살던 천민 임꺽정도 권세가의 횡포에 더는 참을 수 없었어. 타고난 장사였던

임꺽정 상 강원도 철원의 고석정 입구에 세워진 동상이다. 임꺽정이 고석정 앞에 솟아 있는 고석바위의 큰 구멍 속에서 숨어 지냈다는 이야기가 전해 온다.

　임꺽정은 떠돌아다니는 농민과 그 가족, 도망 노비, 수공업자 들을 중심으로 도적 집단을 만들었어. 이들은 황해도의 산채에서 생활하며 이 지역의 관청이나 양반, 권세가들의 집을 집중적으로 습격했단다. 관청을 습격하여 백성을 못살게 굴던 수령들을 혼내 주거나, 수령과 권세가들이 백성에게서 뜯어 낸 세금과 곡식을 빼앗기도 했지.

　임꺽정은 황해도 구월산 등 산간 지대를 근거지로 삼아 활동하면서 평안도·강원도·개성·한양 등지로 점점 세력을 넓혀 갔어. 그런데 승승장구하던 임꺽정 부대는 임꺽정의 참모였던 서림이 관군에 체포되어 중요한 기밀을 털어놓는 바람에 활동 범위가 좁아졌어. 그래도 조선 조정에서 임꺽정 부대를 토벌하는 것은 여의치 않았지.

　명종은 임꺽정 부대를 나라에 반역하는 반란군으로 여기고 임꺽정을 잡아오라는 특명을 내렸어. 그러나 임꺽정 부대는 험한 산악 지대를 이용해 신출귀몰하는 유격 전술을 썼기 때문에 좀처럼 잡을 수가 없었어. 그러자 조정에서는 임꺽정을 체포하는 사람에게 엄청난 포상금까지 내걸었단다.

명종의 강력한 체포 명령에 따라 마침내 조선 조정에서는 토포사를 임명하고 관군을 파견해 임꺽정 부대를 토벌하는 데 총력전을 펼쳤어. 토벌대의 수가 늘어나자 임꺽정은 부대를 이끌고 구월산으로 들어가 마지막 싸움을 준비했지. 관군은 지리에 밝은 서림을 앞세워 임꺽정 부대가 산에서 내려오지 못하게 궁지에 몰아넣었어. 결국 임꺽정과 대부분의 무리는 관군에게 체포되고 말았단다.

임꺽정은 1559년부터 1562년까지 가장 활발한 활동을 벌였어. 임꺽정 부대가 군사력이 훨씬 좋은 관군에 맞서 3년간 저항할 수 있었던 것은 무엇보다 지역 백성들의 든든한 지지가 있었기 때문이야. 백성들은 관군이 임꺽정을 잡으러 온다는 사실을 미리 알려 주거나 몰래 숨겨 주기도 했어.

당시 조선 조정에서는 임꺽정을 나라를 위태롭게 한 도적이라 했어. 그러나 임꺽정 부대가 보여 준 지배층에 대한 저항은 백성들 가슴에 의적으로 깊이 새겨져서, 일제의 지배를 받던 암울한 시기에 홍명희의 소설 『임꺽정』으로 되살아나게 된단다.

『**임꺽정**』 일제 강점기에 민족 운동을 지도했던 벽초 홍명희는 1928년부터 조선일보에 연재한 『임꺽정』에서 임꺽정을 부패한 지배층에 저항한 의적으로 되살려 냈다.

4 전쟁이 일어나다

6·25 전쟁 때 북한군이 쳐들어올 것을 예상하지 못한 대통령과 관리들은 남쪽으로 도망가기에 바빴어. 국민에게는 국군이 북한군을 막을 테니 안심하라고 하고는 말이야. 그런데 이와 비슷한 일이 조선 시대에도 있었단다. 임진왜란이 일어났을 때 선조 임금과 신하들도 그랬거든. 두 차례의 전쟁으로 위기에 빠진 나라를 구하는 데 앞장선 사람들은 조선 수군과 의병, 그리고 이름 없는 백성들이었어.

키워드 23   **임진왜란**

전쟁이 시작되다

1592년 4월 13일, 조용하던 부산포 앞바다에 일본군 전함이 새까맣게 몰려오고 있었어. 임진왜란이 일어난 거야. 일본군은 순식간에 부산을 함락하고 한양으로 진격했어. 전쟁에 대한 대비가 부족했던 조선은 불과 20일 만에 한양을 내주고, 국왕 선조는 도읍 한양과 백성을 버리고 피란길에 올랐지. 임진왜란은 조선이 세워진 이래 최대의 위기였어. 그런데 일본은 왜 조선을 침략해 왔을까? 먼저 임진왜란이 일어난 배경부터 살펴보자.

【 삼포왜란과 을묘왜변이 일어나다 】

세종 때 조선이 쓰시마 섬을 정벌한 뒤 쓰시마 도주의 간곡한 요청을 받아들여 부산포·제포·염포의 삼포를 개항해 조선과 무역할 수 있게 해 주었던 것 기억할 거야. 이때 조선에서는 몇 가지 단서를 달아 무역을 제한했어. 삼포에 일본인들이 머물 수 있는 왜관을 두어 통행증을 가진 자만이 들어올 수 있게 하고, 또 일정 기간만 체류할 수 있게 했던 거야. 오늘날 해외에 나가는 사람에게 체류 기간을 정해 비자를 발급하는 것과 비슷하다고 볼 수 있지. 무역선은 1년에 50척으로 제한했어. 조선은 이처럼 일본에 대해 적절히 견제하고 회유하며 교린 관계를 이끌어 갔단다.

그런데 16세기에 들어서면서 이런 균형을 깨뜨린 사건이 벌어졌어. 삼포에 거주하는 일본인들이 점점 늘어나면서 문제가 생기자 조선이 강경하게 대처했는데, 이에 불만을 품은 일본인들이 1510년, 조선의 관리와 백성을 죽이고 민가를 약탈한 삼포왜란이 일어난 거야. 화가 난 조선 조정은 삼포를 폐쇄하고 일본인들을 자기 나라로 쫓아냈어. 그러고는 일본과 국교를 뚝 끊어 버렸지.

조선이 삼포를 폐쇄하자 조선과 교역하면서 필요한 물자를 공급받고 있던 쓰시마 도주는 난처했어. 그래서 일본 조정에 조선과 다시 국교를 맺고 무역할 수 있게 해 달라고 강력하게 요청했지. 이에 일본은 조선에 사신을 보냈어. 다시는 말썽을 일으키지 않겠다는 일본 조정의 약속에 조선은 무역선 수와 쌀 수출량을 줄이고 제포 한 곳만 개항해 주었어. 그러고는 제포의 왜관을 폐쇄하고 부산포에 왜관을 설치했지.

무역량이 줄어들자 식량과 생필품이 부족해진 왜구는 다시 문제를 일으켰어. 그 뒤로도 왜구는 계속 말썽을 부리며 조선의 해안을 침입했지만, 조선은 강경한 입장만 내세울 뿐 적극적으로 대처하지 않았단다.

그사이 일본은 중국과 포르투갈, 에스파냐 등 다른 나라로부터 화약과 무기, 배 만드는 기술을 익혀 명종 때 을묘왜변을 일으켰어. 1555년에 왜선

부산 초량 왜관 일본인 사신과 교역자들이 머물며 조선과 물자를 교역할 수 있도록 설치한 왜관이다. 일상용품을 파는 상점부터 술집, 사찰까지 두루 갖추고 약 500명의 일본인이 거주했다.

70척이 전라도 남해안 일대를 침입해 조선 사람들을 죽이고 약탈한 거야. 그러나 조선은 왜구의 막강한 무기 앞에 제대로 싸워 보지도 못했어. 오히려 무역선을 늘려 주는 등 일본에 대해 지금까지 썼던 강경책을 회유책으로 바꿔 사태를 수습해야 했어.

조선에서는 점점 강해지는 일본의 군사력에 대비해 국방을 강화하자는 의견도 나왔지만, 조정의 신하들이 서로 다른 의견을 내세우며 다투는 탓에 제대로 받아들여지지 않았어. 조선에게 섬나라 일본은 골치 아픈 왜구의 소굴일 뿐이었어. 왜구가 해안 지방을 약탈할 때는 이들을 쫓아내고, 큰 말썽을 부릴 때는 이들이 다시는 조선 땅에 발을 들여놓지 못하도록 하는 게 최선이라고 생각했지. 그런 까닭에 조선은 일본의 국내 사정이 어떤지 알려고도 하지 않았단다.

【전쟁 준비를 해야 하나, 말아야 하나】

한편 16세기 말 일본에서는 도요토미 히데요시가 100년 넘게 계속되어 온 전국 시대의 혼란을 수습하고 일본을 통일했어.

일본에도 조선처럼 왕이 있었지만 이름뿐이고 실제로 나라를 다스린 사람은 쇼군이었어. 쇼군은 장군으로, 무신 정권의 우두머리란다. 쇼군은 맏아들에게 세습되었는데, 지방의 세력가인 다이묘들이 서로 쇼군이 되려고 해서 싸움이 끊이지 않았지. 이들의 싸움 때문에 100여 년 동안 일본은 조용할 날이 없었단다. 이런 혼란 속에서 도요토미 히데요시가 다이묘들의

일본 장수의 갑옷

싸움을 평정하고 최고 권력자가 된 거야.

다이묘들의 전쟁은 끝났지만 아직 일본의 정국은 불안정했어. 도요토미 히데요시에게는 다이묘들의 불만을 잠재우고 그들의 관심을 다른 데로 돌려 자신의 지배력을 강화할 수 있는 방안이 필요했지. 도요토미 히데요시는 조선을 통해 명나라를 정벌하기로 계획하고 조선의 사정을 잘 알고 있는 쓰시마 도주를 불렀어.

도요토미 히데요시 초상화

"일본을 평정했으니 이제 대륙으로 나아가려 한다. 명나라를 정벌할 것이니, 조선 국왕이 친히 와서 일본과 수호 관계를 맺도록 조치하라."

도요토미 히데요시가 조선과 수호하려는 목적은 서로 힘을 합쳐 명나라를 치자는 데 있었어. 하지만 명나라를 큰 나라로 섬기고 있는 데다 일본을 야만국으로 여기는 조선이 이를 받아들일 리가 없었지. 조선의 도움으로 무역을 하고 있던 쓰시마 도주는 사태가 심각하다고 느꼈어. 그래서 도요토미 히데요시의 명령을 바꾸어 조선에 보내는 사신을 통해 조선의 왕이 아닌 통신사를 일본에 파견해 달라고 요청하게 했지. 일본과 조선의 관계를 풀어 보려고 했던 거야.

조선 조정에서는 처음엔 이를 무시했지만, 통신사를 보내 달라는 요구가 거듭되자 일본의 움직임이 심상치 않다는 것을 느꼈어. 게다가 일본이 조선 땅을 빌려 명나라를 정복하려 한다는 말까지 나오자, 일본에 통신사를 보내

동향을 알아보기로 했어. 통신사의 총책임자인 정사에는 황윤길을, 부책임자인 부사에는 김성일을 임명해 일본에 파견했지.

일본으로 떠난 지 1년 만에 돌아온 황윤길과 김성일에게 선조가 물었어.

"그래, 도요토미 히데요시는 어떤가? 전쟁을 일으킬 것 같은가?"

정사 황윤길이 대답했어.

"도요토미 히데요시는 담력과 지략이 뛰어난 자로 보였습니다. 또한 많은 병선을 준비하고 있는 것으로 미루어 전쟁을 일으킬 조짐이 보입니다."

선조와 신하들의 얼굴이 굳어졌어. 그러자 부사 김성일이 말했어.

"전하, 도요토미 히데요시는 사람됨이 졸렬한 자로, 두려워할 만한 인물이 못 되옵니다. 하오니 전쟁은 일어나지 않을 것입니다."

두 사람의 보고가 엇갈리자, 신하들은 전쟁 준비를 해야 하는지 말아야 하는지를 두고 서로 헐뜯으며 논쟁을 벌였어. 그런데 왜 똑같이 일본에 가서 도요토미 히데요시를 만나고 온 두 사람의 의견이 판이하게 달랐을까? 그건 두 사람이 정세를 보는 눈이 서로 달랐기 때문이야.

그 무렵 조선에서는 정치적 입장이 다른 세력들이 제각기 형성되어 붕당 정치가 행해지고 있었어. 황윤길은 이이의 학풍을 이어받은 서인 세력이었고, 김성일은 이황의 학풍을 이어받은 동인 세력이었지. 서인들은 전쟁에 대비해 성곽을 다시 쌓고, 무기를 점검하고, 군대를 정비하자고 했어. 반면 동인들은 전쟁이 일어나지도 않을 텐데 괜히 백성들을 혼란에 빠뜨리고 나라 경제를 위협할 수도 있다며 전쟁 준비는 하지 않아도 된다고 주장했지.

조선은 태조 이성계가 나라를 세운 이래 왜구나 북방의 오랑캐들이 해안 지방과 국경 지대를 약탈해 가는 경우를 빼고는 200년 동안 큰 전쟁 없이 평화를 유지해 왔어. 그래서 전쟁이 일어나지 않을 거라고 생각한 많은 사람들은 전쟁 대비를 거의 하지 않았단다.

【 임진왜란이 일어나다 】

조선 조정에서 전쟁 준비를 하느냐 마느냐로 시간만 보내고 있는 동안 일본은 1592년 4월, 명나라를 치러 가고자 하니 길을 내달라는 구실을 내세워 조선을 침략해 왔어.

경상도 가덕도의 봉수대에서 네 개의 봉화가 피어올랐어. 일본 전함이 부산 앞바다에 모습을 드러냈던 거야. 일본군의 침략 소식을 가장 먼저 보고받은 경상도 좌수영과 우수영의 대장은 일본군을 막기는커녕 도망치고 말았어. 부산 첨사 정발과 동래 부사 송상현이 각각 부산진성과 동래성에서 죽을힘을 다해 일본군과 싸웠지만, 일본군은 가뿐하게 두 성을 빼앗고 한양을 향해 진격했어.

일본군의 거침없는 진군 소식을 보고받은 조선 조정은 한양으로 오는 길목인 조령과 죽령에 군대를 보내 일본군을 막게 했어. 천혜의 요새인 조령과 죽령에서 일본군을 막지 못한다면 한양은 물론 조선 땅이 일본군에게 짓밟히는 것은 불을 보듯 뻔한 일이었어.

하지만 조령을 지키고 있던 군대가 패하면서 일본군은 조령을 넘고 말았단다. 뒤늦게 한양을 출발한 신립은 이

동래부 순절도 동래성에서 일본군과 끝까지 맞서 싸우다가 순절한 동래 부사 송상현과 성안 사람들의 항전을 그린 기록화이다. 송상현은 "명나라를 치러 가니 길을 비켜라."는 일본군 선발대에 맞서서 "싸워 죽기는 쉬워도 길을 비키기는 어렵다."고 맞받아치며 결사 항전하다가 전사했다. 보물 392호.

전쟁이 일어나다 173

소식을 듣고 충주의 탄금대에서 일본군을 막으려고 했어. 그러자 신립의 부하가 말했어.

"적은 군사로 싸우기에는 산악 지역인 죽령이 적당합니다."

하지만 신립은 단호했어.

"뒤에 물을 두고 싸우면 죽을 각오로 힘껏 싸울 것이다. 또한 보병이 중심인 왜군에 비해 기병이 중심인 우리에겐 평평한 땅이 유리하다."

그런데 조령에 이어 죽령까지 넘은 일본군은 먼저 충주성을 공격했어. 탄금대에 진을 치고 있던 신립은 급히 충주성으로 향했지. 하지만 신립의 군대가 충주성에 닿기도 전에 왜군의 승리를 알리는 나팔 소리가 들려왔어.

탄금대로 돌아온 신립은 강을 등지고 진을 쳐서 일본군과 맞서 싸웠어. 신립은 말 탄 병사들이 돌격하여 일본군의 전열을 흩뜨려 놓은 뒤 일본군과 맞붙어 싸우면 이길 수 있다고 믿었어. 그런데 신립이 미처 헤아리지 못한 점이 있었어. 바로 조총이라는 일본의 신무기야. 날아가는 새도 쏘아 맞힐 수 있다는 뜻이 담긴 조총은 과연 위력이 대단했어.

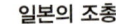

일본의 조총

일본의 조총 발사 전략
조총은 발사 속도가 빠르고 명중률이 높았다. 하지만 조총을 발사하려면 많은 단계를 거쳐야 했기 때문에 장전하는 데 시간이 많이 걸렸다. 그래서 일본군은 조총 부대를 세 줄로 배치해, 맨 앞줄이 사격을 하는 동안 나머지 줄은 장전을 하고 발사 준비를 하는 전술을 썼다. 이렇게 함으로써 조총 부대는 쉴 새 없이 일제 사격을 할 수 있었다.

일본군이 쏘는 조총의 총알이 조선군을 향해 쉴 새 없이 날아왔어. 조선군이 지닌 칼보다 더 빠른 조총 앞에 신립의 군대는 그만 맥없이 무너지고 말았지. 전투에서 패한 신립도 강물에 몸을 던지고 말았단다.

충주마저 일본군의 손아귀에 들어갔다는 소식을 들은 선조는 피란을 떠났어. 왕이 도읍인 한양을 버리고 떠나자 백성들 사이에 "나라는 반드시 망한다."는 소문이 돌기도 했어. 왕이 개성에 도착하자 분노한 백성들은 왕과 신하들을 향해 돌을 던지기까지 했단다.

일본군은 부산에 상륙한 지 20일 만에 한양 도성 안에 들어섰어. 일본군이 한양성까지 이르렀다는 소식을 들은 선조 일행은 다시 피란길을 재촉해 평양으로 향했어. 평양성에 도착한 선조는 평양성을 꼭 지키겠다며 화가 난 백성들을 안심시켰어. 이 말을 믿은 백성들은 평양성으로 모여들어 일본군에 맞서 싸울 준비를 했지. 그러나 일본군이 평양성으로 온다는 소식을 들은 왕은 백성들이 길을 막아서는 것을 뿌리치고 의주로 향했어.

한편 그 무렵 평양성을 지키고 있던 조선군은 대동강 가에 머물고 있던 일본군을 기습 공격했지만 패하고 말았어. 조선군은 그동안 모아 두었던 화약과 무기를 물속에 빠뜨리고는 평양성에서 철수해야만 했지. 평양성마저 일본군의 손아귀에 들어가자, 조선은 그야말로 바람 앞의 등불 신세가 되고 말았단다.

키워드 24 　이순신

이순신, '바다의 전설'이 되다

임진왜란이 일어난 이후 일본군에게 일방적으로 밀리기만 하던 전세를 바꾸어 놓은 것은 바로 조선의 수군이었어. 임진왜란이 일어나기 1년 전에 전라 좌수사로 부임한 이순신은 전쟁이 일어날 것에 대비해 각종 군기와 군사 시설을 점검하고, 해전에 능숙한 병사와 배를 확보하는 데 힘을 기울였어. 덕분에 조선 수군은 일본군과 맞붙은 해전에서 승리해 평양까지 진격한 일본군의 발목을 붙잡아 둘 수 있었지. 조선이 가장 위태로웠던 시기에 이순신 함대가 바다에서 승리한 요인은 무엇일까?

【 전세를 바꾼 이순신 함대 】

평양까지 한달음에 밀고 올라가 의기양양해진 일본군 사령관 고니시 유키나가는 의주로 피란을 떠난 선조에게 자신감에 가득 찬 편지를 보냈어.

"우리 수군 10만 명이 서해로 오고 있습니다. 조선의 임금께서는 이제 어디로 가시렵니까?"

일본군이 서해로 오고 있다는 것은 '이제 조선은 끝났다.'는 경고였어. 하지만 고니시 유키나가가 기다리던 일본의 10만 대군은 오지 않았어. 아니, 올 수가 없었지. 일본 군대가 서해를 돌아 북쪽으로 올라가려면 반드시 거쳐야 할 곳이 있었는데, 섬이 많아 다도해라고 부르는 남해란다. 남해에는 2,300여 개의 섬이 촘촘히 모여 있는 데다 해안의 굴곡마저 심해 항해하기에 매우 힘들었어. 하지만 전라 좌수영 함대를 이끄는 이순신은 당연히 이 복잡한 바닷길을 손바닥 보듯 훤히 꿰뚫고 있었지. 그러니까 남해는 지리적인 특성을 잘 모르는 일본군에게는 힘든 곳이지만, 조선의 수군에게는 하늘이 내려 준 요새와 마찬가지였어.

1592년 5월 4일, 이순신 함대는 1차 출동에 나섰어. 사흘 뒤 옥포 앞바다에 이르렀을 때, 노략질을 하는 일본 함대를 발견했다는 신호가 올랐어. 이순신 함대는 30여 척의 일본 배를 에워싸고 총통과 화살을 쏘며 공격했어. 일본도 이에 질세라 대항했지만, 전세가 불리해지자 배에서 뛰어내려 인근 마을까지 헤엄쳐 도망가느라 바빴지. 이날 전투에서 조선 수군은 단 한 명만 다치고 일본 배 26척을 격침했어. 이 전투가 지기만 거듭하던 조선군에게 처음으로 승리의 기쁨을 안겨 준 옥포 해전이란다. 이순신 함대는 이후 합포 해전과 적진포 해전까지 승리로 이끌었어.

이순신 장군 흉상

이순신 함대는 5월 29일, 2차 출동을 나갔어. 경상도 사천포에 일본군이 침입했다는 소식이 전해지자, 이순신 함대는 곧장 사천으로 향했지. 그런데 사천은 포구가 좁은 데다 썰물로 물이 빠져 버려 몸체가 큰 판옥선으로는 접근하기가 어려웠어.

이순신 함대는 후퇴하는 척하며 일본군을 바다로 유인했어. 하지만 일본군은 속지 않고 오히려 맹렬히 대항했어. 이순신은 그대로 물러설 수가 없어 비장의 전함인 거북선을 내보냈어. 사천 해전에서 처음으로 거북선을 투입한 거야. 과연 거북선의 위력은 대단했어. 용머리에서는 연기가 뿜어져 나오고 사방에서 화포를 쏘아 대며 공격하는데 왜 안 그렇겠니. 거북선이 일본군의 전열을 흐트러뜨리자 곧이어 판옥선에서 화포와 화살을 쉴 새 없이 퍼부었어. 일본군은 당황해서 도망가기에 바빴단다.

【아! 한산도 대첩】

이순신 함대가 사천 해전에 이어 당포 해전과 당항포 해전에서도 계속 승리하자, 조선군의 사기는 점점 높아 갔어. 반면 평양성까지 진군한 일본 육군한테는 나쁜 소식이었지. 바닷길을 통해 군수 물자도 공급받고 일본 수군과 합세해야 하는데 조선 수군이 길목을 막고 있었으니까 말이야.

도요토미 히데요시는 육지에서 싸우고 있던 군사들에게 바다로 나가 조선 수군과 싸우라는 긴급 명령을 내렸어. 하지만 조선 땅 깊숙이 쳐들어갔던 이들이 남해로 이동하는 데는 시간이 필요했어. 그런데 하루빨리 공을 세우고 싶었던 일본군 대장 와키사카 야스하루는 다른 함대들을 기다리지 않고 홀로 출정을 감행했어.

와키사카 야스하루의 함대 70여 척이 견내량에 도착했어. 그때 마침 이순신 함대는 견내량 바깥 바다에서 지형을 살피고 있었지. 견내량은 물이 얕은 데다 암초가 많아 판옥선 같은 대형 전함이 항해하기에는 힘든 곳이었어. 또 조선군이 공격하면 일본군이 쉽게 육지로 도망칠 수 있는 곳이었지. 이순신은 결국 한산도 앞바다로 일본군 함대를 유인하기로 작전을 세웠어.

이순신은 판옥선 5척을 견내량으로 보냈어. 나머지 배들은 견내량 어귀의 넓은 바다에서 기다렸고. 그러자 일본 함대는 판옥선을 뒤쫓아 한산도 앞바다까지 추격해 왔어. 이들을 기다리고 있던 이순신 함대는 학의 날개 모양으로 커다란 원을 그리며 전투 대형을 짰어. 이것이 바로 이순신이 즐겨 사용하던 학익진 전술이야. 적의 함대가 학 날개 모양의 대형 안으로 들어오

[이순신과 조선 수군의 활약]

면 양쪽 날개를 오므려서 적을 둘러싸고 총포를 쏘아 댔어. 멀리서 화포를 쏘면 맞힐 확률이 낮기 때문에 적의 배를 최대한 가까이 몰기 위한 전술이 었지. 바로 이때 쇠송곳으로 무장한 거북선 두 척이 적의 함대를 뚫고 돌진했어. 거북선에서 사방으로 총포를 쏘아 대자 일본군 함대는 불길에 휩싸이고, 거북선과 부딪칠 때마다 수없이 부서져 나갔어. 조선의 판옥선들은 거북선의 뒤를 이어 일본군의 배를 공격했지.

이날 일본 함대는 73척 가운데 66척이 침몰됐지만, 조선 군함은 단 한 척도 피해를 입지 않았어. 이 전투가 바로 임진왜란의 3대 대첩 가운데 하나인 한산도 대첩이란다.

한산도 싸움의 승리는 일본의 육군이 평양성에서 북쪽으로 더 진격할 수 없게 만든 결정적인 계기가 되었어. 만약 한산도 싸움에서 일본군이 이겼다면, 서해를 거쳐 전쟁에 필요한 갖가지 물자를 북쪽에 있는 자기편 군사들에게 실어 나를 수 있었겠지. 그렇게 되면 전쟁은 이미 끝난 거나 마찬가지였을 테고 말이야.

이순신 함대와 바다에서 맞붙을 때마다 패하자 도요토미 히데요시는 해전을 중지했어. 그러고는 거제도에 성을 쌓고 기회를 보아 육지에서 조선 수군을 쳐부수라는 명령을 내렸지. 이후 이순신 함대는 부산포 해전에서도 이겨 1592년 한 해 동안 10전 10승이라는 놀라운 성과를 이루었단다.

조선 수군의 잇단 승리에는 이순신의 탁월한 전술·전략과 함께 해전에 강한 백성들 힘이 컸어. 해안에 살아서 바다 사정을 잘 아는 이들이 조선 수군의 주력 부대를 이루었기 때문이지. 판옥선과 거북선이 한몫한 건 물론이야.

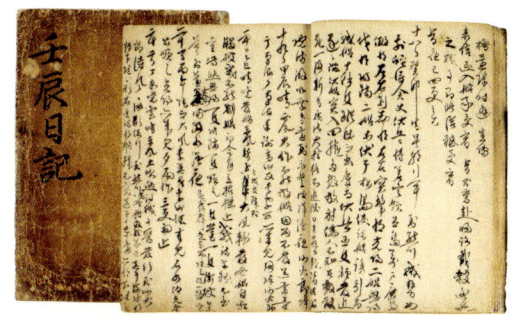
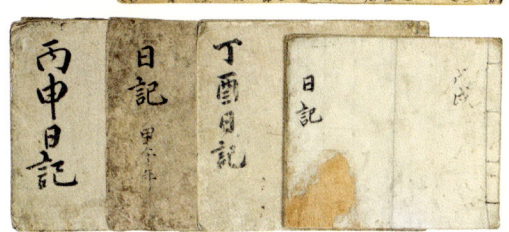

『**난중일기**』 이순신이 임진왜란이 일어난 때부터 전사하기 전까지 7년간에 걸쳐 쓴 진중 일기이다. 가족을 걱정하는 이순신의 인간적인 모습뿐 아니라 임진왜란의 구체적인 경과와 전술, 병사들의 심리 등 전쟁의 여러 정황을 파악할 수 있는 귀중한 역사 자료이다. 국보 76호.

【 승리의 또 다른 요인들 】

조선 수군과 일본 수군은 기본 전술부터 달랐어. 조선 수군은 바다를 지키기 위해 훈련되어 있던 만큼 해전에 능했어. 이에 견주어 일본군은 해전을 치러 본 경험이 없어 바다에서 싸우는 데 익숙하지 않았지. 또 남해의 지리를 누구보다 잘 알고 있는 이순신은 지리적인 이점을 잘 활용했어. 먼 바다에 나가 싸우지 않고 반드시 적을 꾀어내어 육지에서 가까운 섬들 사이의 좁은 바다에서 싸웠단다.

일본 수군이 옥포 해전부터 시작된 바다 싸움에서 패배할 수밖에 없던 또 하나의 이유는 배가 조선과 달랐기 때문이야. 일본의 군함은 먼 거리 항해를 위해 가볍고 날렵하게 만들어져 속도가 빠른 반면, 배의 몸체가 좁고 낮아 풍랑을 만나면 부서질 우려가 있었어. 반면 조선의 판옥선은 배의 몸체

조선의 무기

조선 시대에는 활과 화살, 편전, 쇠뇌 같은 전통 무기뿐 아니라 천자총통, 지자총통 같은 화포와 화차 등 화학 병기가 발달했다. 임진왜란 때에는 일본과 명나라를 통해 들어온 서양식 무기의 영향으로 더욱 다양한 화학 무기가 개발되었다.

별승자총통 총구에 화약과 탄환을 장전하고 손으로 불씨를 점화해 발사하는 개인 휴대용 총통이다.

조총 임진왜란 때 일본 조총의 위력을 깨닫고 조선에서도 1593년부터 조총을 만들어 사용했다.

삼안총 3개의 총신을 연결시켜 한 번에 세 발을 쏠 수 있게 만든 개인 휴대용 총이다.

사전총통 한꺼번에 4개의 화살을 쏠 수 있게 만든 총통이다.

호준포 명나라에서 개발된 소형 대포로, 임진왜란 때 조선에 들어왔다. 대포의 모습이 호랑이가 앉아 있는 모습과 닮아서 '호준포'라 했다.

갑옷과 투구 조선 시대의 장수가 입던 갑옷과 투구이다.

단석

비격진천뢰

철환

대완구 완구는 임진왜란 때 단석이나 비격진천뢰, 철환 같은 탄환을 발사하는 화기로 널리 쓰였다. 크기에 따라 대완구·중완구·소완구 등이 있다. 보물 857호.

천자총통 화약을 이용하여 쇠 화살이나 쇠 포탄을 발사하는 대포로, 적의 군함을 격파하는 데 큰 효력을 발휘했다. 발사 거리와 크기에 따라 가장 큰 천자총통부터 지자총통, 현자총통, 황자총통이 있다.

신기전 화차 수레 위에 발사대를 설치해 화약이 달린 화살인 신기전 100개를 한꺼번에 날려 보내면 화약이 폭발하면서 엄청난 위력을 발휘했다. 신기전은 세종 때, 화차는 문종 때 개발했다.

가 넓어서 안정된 항해를 할 수 있고, 방향을 바꿀 때도 균형을 잘 잡을 수 있었지.

또 조선 수군이 일본 함대를 물리칠 수 있었던 것은 우수한 무기를 가지고 있었기 때문이기도 해. 조선군은 창이나 활 같은 재래식 무기 말고도 천자총통, 지자총통 같은 화력이 강한 무기를 갖추고 있었어. 조선 수군은 이런 대포를 쏘아 일본 군함을 격파했고, 불화살을 쏘아 군함을 불태워 격침했어.

세키부네 일본의 주력 전선 가운데 하나이다.

반면 일본 수군은 재래식 무기 말고는 조총 같은 가벼운 무기를 주로 사용했어. 일본 군함은 가벼운 목재로 만들어져 대포를 장착할 수 없었거든. 배의 몸체가 약하면 대포의 반동에 부서질 위험이 있었기 때문이야. 조총은 총열이 길고 가늠쇠와 개머리판이 달려 있어서 현대적 소총과 기본 구조가 비슷했어. 최대 사정거리는 200미터로, 임진왜란 때 육지 싸움에서는 엄청난 위력을 발휘했지. 하지만 조총은 두꺼운 판자로 만들어진 조선 군함을 관통하거나 파괴할 만한 위력은 없었어.

이처럼 이순신의 탁월한 전쟁 수행 능력과 지리에 밝은 전라도 수군들의 헌신적인 활약, 거북선의 파괴력, 판옥선에 배치한 뛰어난 해상 무기 등이 모두 어우러져 조선 수군은 큰 승리를 얻어 낼 수 있었단다.

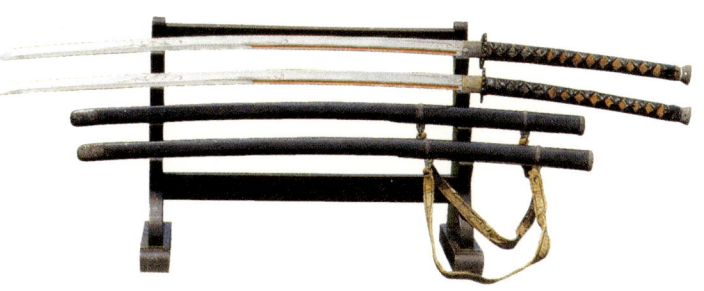

이순신 장검 이순신이 1594년 한산도에서 일본 수군과 대치하고 있을 때 만든 칼이다. 길이가 어른 키보다 크고 무거워 싸울 때 실제로 쓴 칼이 아니라 벽에 걸어 두고 스스로 정신을 가다듬기 위해 사용한 것으로 보인다. 보물 326호.

키워드 +

거북선과 판옥선

조선 수군의 주력선

일본군에게 밀리던 임진왜란의 전세를 역전시키는 데 큰 역할을 한 거북선은 보통 이순신이 처음 만들었다고 알려져 있지. 그런데 정말 이순신이 임진왜란 때 거북선을 처음 만들었을까?

거북선에 관한 첫 기록은 『태종실록』에 나와.

"임금이 임진강 나루에서 귀선과 왜선이 싸우는 것을 보았다."

태종이 임진도를 지나다가 본 거북선과 왜선(일본 군함)의 모의 훈련 장면을 기록한 것으로, 여기서 '귀선'은 거북선이라는 뜻이야. 그런데 이때의 거북선이 이순신이 만든 거북선과 같은 것인지 다른 것인지는 남아 있는 자료가 없어서 알 수가 없구나. 하지만 역사학계에서는 여러 기록을 종합해 볼 때 왜구의 침입이 잦았던 고려 말부터 이미 거북선이 있었던 것으로 얘기한단다.

거북선을 다시 만들게 된 때는 임진왜란이 일어나기 직전이야. 이순신이 쓴 『난중일기』의 1592년 2월 8일 자를 보면, "거북선에 쓸 돛베 29필을 받았다."는 기록이 있어. 이것으로 보아 이미 거북선이 만들어져 있었다는 사실을 알 수 있지.

거북선은 판옥선 위에 거북등 모양의 지붕을 씌운 배로, 지붕 위에는 두께가 2~3밀리미터쯤 되는 육각형 모양의 철판을 이어 덮었어. 철판을 고정시킨 다음에는 그 위에 쇠송곳을 꽂았지. 이 쇠송곳 때문에 적군은 거북선 등에 기어오르지 못했어. 그래서 노를 젓는 군사나 전투하는 군사 모두 안전할 수 있었지. 또 거북선에는 판옥선보다 대포를 많이 설치할 수 있어서 전후좌우 사방에서 포를 쏠 수 있었어. 용머리에서는 연기를 뿜어내게 하여 적의 대열을 교란시키거나 포를 쏘기도 했단다.

이런 방어력 덕분에 거북선은 최선봉에서 돌격선 역할을 했어. 거북선이 적진 한가운데로 돌진해서 각종 포를 쏘아 적의 전열을 무너뜨리면 뒤따르는 판옥선에서 일제히 화포와 화살을 쏘아 적을 물리쳤단다.

거북선이 훌륭한 군함인 것은 틀림없지만, 임진왜란 때 조선 수군이 보유한 거북선은 단 세 척뿐이었어. 그렇다면 조선 수군의 주력 군함은 무엇이었을까?

임진왜란 때 조선 수군의 주력 군함은 판옥선이었어. 판옥은 '판자로 만든 집'이라는 뜻이야. 판옥선은 1555년 을묘왜변이 일어나던 해에 개발되었어. 왜구들은 주로 배에 기어올라 싸움을

거북선 서울시 용산 전쟁기념관에 전시되어 있는 거북선 모형이다. 정조 때 펴낸 『이충무공전서』에 실린 전라 좌수영 거북선을 바탕으로 만든 것이다.

벌였기 때문에 왜구들이 쉽게 접근할 수 없는 배가 필요했지. 그래서 판옥선의 갑판을 2층으로 만들어 적들이 뛰어드는 것을 막은 거야. 노를 젓는 병사들은 1층 갑판에서 안전하게 노를 저을 수 있고, 전투하는 병사들은 2층 갑판에서 적을 내려다보며 총포와 화살을 쏠 수 있게 한 거지. 갑판 가운데에는 높은 장대를 설치해 장수가 이곳에서 지휘할 수 있게 했어.

판옥선에는 모두 164명의 수군이 탔어. 총사령관이 타는 지휘선인 판옥 대선은 크기가 더 크고 수군들도 194명이나 탈 수 있었지. 그리고 수많은 깃발을 꽂아서 여러 배에 신호를 보낼 수 있게 했어.

판옥선과 거북선은 몸체가 무겁고 배 밑바닥이 평평해 속도가 느렸어. 하지만 조수 간만의 차가 심한 우리나라 남서 해안에는 딱 알맞은 배였지. 썰물 때 갯벌에 안전하게 정박할 수 있고, 좌우로 방향을 쉽게 틀 수 있어서 바다가 좁고 섬이 많은 지역의 전투에 유리했거든. 반면 일본 배들은 몸체가 가볍고 바닥이 뾰족해 속도가 빨랐어. 먼 거리를 항해할 때는 이런 배가 적합하지만, 우리나라 남서 해안에서는 썰물 때 갯벌 위에 좌초할 위험이 컸지.

이처럼 거북선과 판옥선은 일본 함선보다 훨씬 우세했고, 결국 이것이 이순신의 탁월한 지휘력과 합쳐져 전투를 승리로 이끌었다고 할 수 있단다.

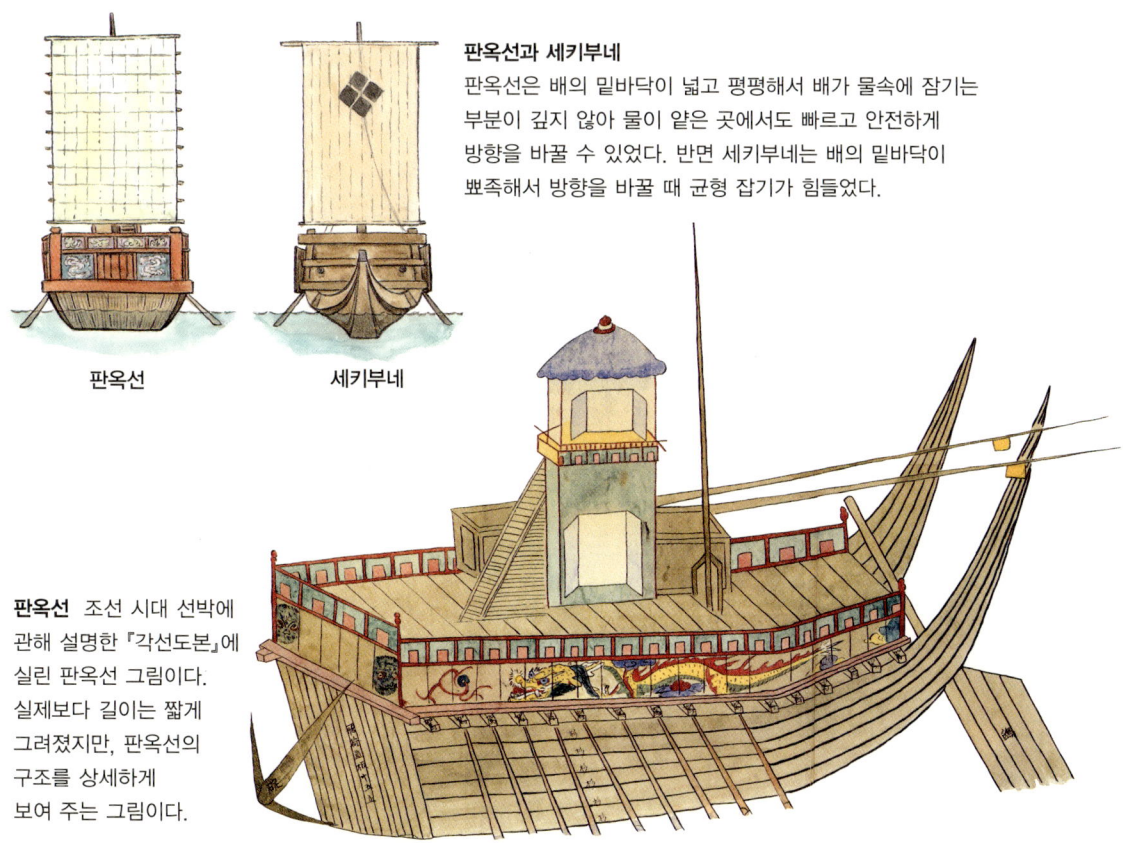

판옥선과 세키부네
판옥선은 배의 밑바닥이 넓고 평평해서 배가 물속에 잠기는 부분이 깊지 않아 물이 얕은 곳에서도 빠르고 안전하게 방향을 바꿀 수 있었다. 반면 세키부네는 배의 밑바닥이 뾰족해서 방향을 바꿀 때 균형 잡기가 힘들었다.

판옥선   세키부네

판옥선 조선 시대 선박에 관해 설명한 『각선도본』에 실린 판옥선 그림이다. 실제보다 길이는 짧게 그려졌지만, 판옥선의 구조를 상세하게 보여 주는 그림이다.

키워드 25　의병

승리의 물꼬를 트다

임진왜란이 일어난 지 20여 일 만에 일본군에게 한양을 빼앗기고 임금마저 피란길에 오르자 조선의 앞날은 캄캄했어. 그런데도 조선 조정은 명나라에 지원병을 보내 달라고 요청한 것 말고는 아무 대책도 세우지 못했지. 명나라 군사가 오기만을 기다리고 있던 무능력한 조선 조정과는 달리 조선의 백성들은 스스로 제 고장과 나라를 지키기 위해 의병을 일으켰단다.

【 전국에서 의병이 일어나다 】

이순신과 조선 수군이 바다에서 일본군을 물리치는 동안 육지에서는 의병이 일어나 곳곳에서 일본군의 길을 막았어. 지방에 살고 있던 뜻있는 선비들을 중심으로 일반 백성은 물론 노비와 승려까지 내 나라 내 고장을 지키기 위해 떨쳐 일어난 거야.

의병이 맨 먼저 일어난 곳은 일본군이 처음 상륙했던 경상도였어. 1592년 4월, 경상도 의령에서 선비 곽재우가 자기 재산을 털어 처음으로 의병을 모집했지. 곽재우는 붉은 옷을 입고 의병을 지휘해서 '홍의 장군'이라 불렸단다.

곽재우는 전략적으로 중요한 지점을 본거지로 삼아 진을 치고 일본군의 식량과 무기를 운반하는 수송선을 막았어. 곽재우가 의병장으로 활동한 의령은 낙동강과 남강이 만나는 곳으로, 일본군이 군사와 군수품을 보급하는 중요한 지역이었거든.

곽재우는 몰래 숨어 있다가 갑자기 일본군을 공격하기도 하고, 위장술로

[의병의 활동]
임진왜란이 터지자 전국에서 의병이 일어났다. 전직 관료와 선비, 일반 백성, 노비, 승려까지 의병에 참여했다. 의병 활동은 특히 일본군의 주요 침입로인 경상도와 전라도에서 활발하게 펼쳐졌다. 의병의 활약 덕분에 일본군의 군수 물자 보급로를 막고, 곡창 지대인 전라도 지역을 지킬 수 있었다.

일본군을 유인해 불시에 공격하기도 했단다. 적은 병사로 막강한 일본군과 정면으로 맞서기보다는 동에 번쩍 서에 번쩍 나타나 유격 전술로 일본군을 괴롭히며 적의 보급로를 막는 것이 더 효과적이라고 판단했기 때문이야. 곽재우와 의병이 주변의 지리를 잘 알기에 가능한 작전이었지.

경상도에서 일어난 의병은 전라도·충청도·경기도·평안도·함경도 등 온 나라로 퍼져 나갔어. 전라도에서는 고경명, 김천일, 김덕령이 의병을 이끌었고, 충청도에서는 보은 현감 조헌이 옥천에서 의병을 일으켰어. 평안도에서는 서산 대사로 잘 알려진 승려 휴정이 전국 각지의 승려들에게 편지를 보내 일본군과 맞서 싸울 것을 호소했지. 금강산에 있던 사명 대사 유정은 편지를 받고 2천여 명의 승려 의병을 모아 평양성으로 향했어. 이렇게 전국에서 일어난 의병의 수는 1593년 1월에 2만 2,600명에 이르렀단다.

사명 대사 유정 초상화

칠백의총 임진왜란 때 청주성을 탈환하고 금산에서 일본군을 막기 위해 싸우다가 전사한 의병장 조헌과 영규 대사를 비롯하여 의병 700여 명의 유골을 한데 모아 만든 커다란 무덤이다. 충청남도 금산에 있다.

    의병은 자기들이 사는 지역을 거점으로 작전을 펼쳤기 때문에 조선의 지리에 어두운 왜적들을 교란할 수 있었어. 의병이 경상도와 전라도를 지키며 일본군의 길목을 가로막자, 평양성까지 빼앗으며 승승장구하던 일본군은 식량과 군수 물자를 보급받는 데 어려움을 겪게 되었지. 바다에서는 수군이, 육지에서는 의병이 일본군의 보급로를 차단해 일본군의 진격을 막은 거야. 의병은 패배를 거듭하던 조선의 관군에게 큰 용기와 희망을 주었어. 관군도 차츰 전열을 가다듬고 의병과 힘을 합쳐 전세를 바꾸기 시작했단다.

【 의병과 관군이 연합 작전을 펼치다 】

한편 일본군의 거침없는 진격으로 의주까지 쫓겨 간 선조와 조정 대신들은 명나라 군대가 도와주러 올 날만 손꼽아 기다렸어. 하지만 명나라는 선뜻 군사를 보내 주지 않았어. 겉으로는 그 무렵 중국 곳곳에서 일어난 반란 때문에 요동 지방을 방비하기에도 힘들다는 이유를 내세웠지만, '조선과 일본이 합세하여 명나라를 침공할지도 모른다.'는 소문 때문에 속으로는 조선을 의심하고 있었지. 여러 면에서 일본보다 앞서 있는 조선이 그토록 힘없이 무너져 버렸다는 게 의심스러웠던 거야.

명나라 조정은 사람을 보내 조선의 상황을 정탐하고는 1592년 7월, 명나라 장수 조승훈이 이끄는 군사 3천 명을 파견했어. 명나라의 참전으로 임진왜란은 이제 조선과 일본만의 전쟁이 아닌 국제전의 성격을 띠게 되었지. 하지만 조승훈은 조선 지리에 밝지 못한 데다 일본군을 얕잡아보는 바람에 평양성을 되찾기는커녕 3천에 가까운 군사를 잃고 줄행랑을 쳐 버렸어.

일본군도 명나라가 자기들 생각보다 일찍 참전한 것에 적잖은 부담을 느끼게 되었어. 조·명 연합군을 막아 평양성을 지키긴 했지만, 조선 수군과 의병의 활약으로 군수 물자를 보급받는 데 큰 차질이 빚어지고 있었거든.

바다로 군사 물자를 실어 나르려던 일본군은 조선 수군에게 번번이 패해 바닷길이 막히자, 경상도의 육지 길을 통해 쌀이 많이 나는 곡창 지대인 전라도로 들어가 식량을 마련하려 했어. 하지만 경상도 의병의 활약으로 경상도에도 발을 들여놓기가 힘들어지자, 김해에 주둔하고 있던 일본군은 3만의 군사를 이끌고 진주성으로 향했어. 진주성은 일본군이 전라도로 들어가려면 반드시 거쳐야 하는 관문이었거든.

진주성 일본군은 1592년 10월에 진주성을 공략했다가 크게 패배한 뒤, 이듬해 6월에 다시 10만 대군을 이끌고 와 진주성을 함락시켰다. 이때 기생이었던 논개가 일본 장수를 껴안고 진주성 앞 남강에 몸을 던져 의로운 기생으로 역사에 이름을 남겼다.

김시민 선무공신 교서 전쟁이 끝난 뒤 선조는 임진왜란 때 임금을 모시고 피란길에 올랐던 신하를 호성공신에, 일본군을 무찌르는 데 큰 공을 세운 장수들은 선무공신으로 임명했다. 선무공신은 모두 18명으로 이순신, 권율, 원균이 1등 공신이고, 김시민은 2등 공신에 책봉되었다. 김시민이 받은 선무공신 교서에는 김시민의 공적과 이에 따른 포상이 자세히 적혀 있다. 보물 1476호.

이때 진주성을 지키고 있던 진주 목사 김시민은 4천 명도 안 되는 병사를 거느리고 3만 명의 일본군을 맞아 힘겨운 싸움을 벌여야 했어. 이에 곽재우는 200명의 의병을 진주성으로 보내 김시민을 돕게 했어. 최경회, 임계영 등의 의병장이 이끄는 전라 의병도 합세해 싸움을 도왔지.

일본군은 진주성을 포위하고 높은 사다리와 누각 따위를 동원해서 성벽을 기어오르고, 조총으로 맹렬히 공격했어. 진주성의 군사와 백성들은 김시민의 지휘 아래 똘똘 뭉쳐 총통과 화살은 물론 돌과 끓는 물까지 총동원하여 일본군의 맹공격을 막아 냈어. 성 밖에서는 의병들이 조선군을 응원하는 한편 일본군을 위협하며 전투를 도왔지.

치열한 전투 끝에 일본군은 진주성을 공격한 지 7일 만에 많은 피해를 입고 물러갈 수밖에 없었어. 이 전투를 진주 대첩이라고 하는데, 한산도 대첩·행주 대첩과 함께 임진왜란의 3대 대첩으로 꼽힌단다. 의병은 이후 평양성 전투와 행주산성 전투를 비롯한 크고 작은 전투에서 큰 활약을 했어.

【 의병장들의 씁쓸한 최후 】

그런데 일본군을 무력화할 만큼 맹활약을 펼친 의병장과 의병들은 그만큼의 온당한 대우를 받지 못했어. 오히려 조선 조정은 나라가 어수선한 틈을

타서 의병이 반란을 일으키지나 않을까 의심했어. 게다가 의병장들의 공을 시기하는 사람들의 모함으로 의병장들은 희생을 당하기까지 했단다.

대표적인 희생자가 의병장 김덕령이야. 김덕령은 임진왜란이 일어나자 전라도 광주에서 형과 함께 의병을 일으켰어. 김덕령은 유학자이면서도 무예가 뛰어났고, 키는 작지만 힘이 장사여서 무게가 백 근이나 되는 큰 철퇴 두 개를 허리에 차고 다녀 '신장(神將)'이라 불렸다는구나. 김덕령의 의병 부대는 출동하는 곳마다 승리를 거두어 일본군은 김덕령의 이름만 들어도 두려움에 떨었다고 해.

하지만 김덕령은 전쟁 중에 일어난 이몽학의 반란 사건에 관련되어 반란군과 내통했다는 누명을 쓰게 되었어. 체포된 김덕령은 정강이뼈가 부서질 정도로 고문을 받다가 결국 죽고 말았지.

선조는 전쟁이 끝난 뒤 조선을 도운 명나라군에 최고의 공을 돌리고, 자신을 따라 피란길에 올랐던 대신들을 일등 공신으로 책봉했어. 그러자 경상도에서 크게 활약했던 곽재우는 자신 또한 역모에 얽힐 것을 우려하여 산으로 들어가며 이런 말을 남겼단다.

"고양이를 기른 것은 쥐를 잡기 위함이니, 적이 이미 평정되었으므로 나는 할 일이 없다. 이제 돌아갈 것이다."

선조는 왜 전쟁에서 큰 공을 세운 의병장들을 제쳐 두고 명나라와 조정 대신들에게 공을 돌린 걸까? 의병장과 의병들의 공을 인정하는 것은 그만큼 조선 조정과 관군이 제 역할을 하지 못했다는 사실을 스스로 인정하는 꼴이 되기 때문이었단다. 더구나 김덕령, 곽재우 같은 의병장들은 백성들에게서 큰 믿음과 인기를 얻고 있던 터라 나라와 백성을 내팽개친 채 도망간 선조와는 아주 확실하게 비교되었을 테니까 말이야.

임진왜란 때 곽재우가 쓰던 칼(보물 671호)

키워드 26 강화 회담

명나라가 전쟁에 참가한 까닭

명나라군의 2차 파병으로 조선은 평양성을 되찾고 일본군의 진격을 저지시킬 수 있었지만, 명나라가 전쟁의 주도권을 쥐고 있었기 때문에 많은 피해를 입기도 했어. 그런데 정작 선조는 전쟁이 끝난 후 전쟁에서 세운 공적을 따져 포상을 내릴 때 명나라군에게 최고의 공을 돌렸어. 과연 명나라는 진정 조선을 도우려고 군대를 보낸 걸까? 명나라가 참전한 진짜 이유는 무엇일까?

【평양성 탈환과 행주 대첩】

1차 파병의 실패로 큰 낭패를 본 명나라는 이후에도 조선에서 거듭 구원병을 요청하자 이런저런 핑계를 대며 미루었어. 그러다가 1592년 12월, 장수 이여송이 이끄는 4만 3천의 군사를 조선에 파견했어.

명나라는 일본이 전쟁 초기부터 노골적으로 "명나라를 치러 가겠으니 조선은 길을 터 달라."고 했던 사실을 알기에 조선이 무너지는 것을 가만히 보

평양성 탈환도 병풍 조·명 연합군이 평양성을 되찾기 위해 벌인 2차 평양성 전투를 그린 그림이다.

고 있을 수만은 없었어. 일본군이 요동 지방까지 치고 올라오면 명나라 땅에서 전쟁을 벌일 수밖에 없고, 그렇게 되면 자기 나라가 큰 피해를 입으니까 그러기 전에 조선 땅에서 일본군을 막아야 했던 거지. 더구나 명나라군에게 필요한 식량과 군수품은 모두 조선이 제공하기 때문에 가능하면 조선 땅에서 일본군을 막는 게 나았지.

조선 군대에 대한 작전권을 인수받은 명나라 장수 이여송은 조선의 관군과 연합군을 형성하여 곧장 평양성으로 향했어. 당시 평양성 안에는 일본군 1만 5천여 명이 진을 치고 있었어. 일본군은 의병까지 가세한 조·명 연합군의 총공격에 안간힘을 다해 저항했지만, 추위와 굶주림에 지쳐 마침내 한양으로 후퇴했단다.

평양성 탈환에 자신감을 얻은 이여송은 그 기세를 몰아 일본군을 뒤쫓아 계속 남쪽으로 진군했어. 그러다가 한양 근처 벽제관(지금의 경기도 벽제)에 몰래 숨어 있던 일본군에게 역습을 당해 크게 패하고 말았단다.

일본군을 얕잡아 봤다가 큰코다친 명나라군은 그 뒤로 평양으로 물러나 더 싸우려 하지 않았어. 조선군이 도읍 한양을 되찾기 위해 명나라군에게 함께 진격할 것을 여러 차례 요구했지만 꿈쩍도 하지 않았지. 조선군은 단독으로라도 한양성을 되찾고자 한양과 가까운 강화도, 용인, 수원 등지에 진

을 쳤어. 전라도 관찰사 권율도 잘 훈련된 군사 2,300명을 이끌고 행주산성에 진을 치고 있었지.

일본군은 명나라군이 합세하기 전에 먼저 한양과 가장 가까운 행주산성을 치기로 했어. 일본군의 맹렬한 공격에 권율이 이끄는 조선의 관군과 의병, 백성들은 온 힘을 합쳐 화포와 활을 쏘고 돌을 던지며 죽을힘을 다해 행주산성을 지켜 냈어. 이 싸움이 바로 행주 대첩이란다.

【 명나라군은 구원병인가, 점령군인가 】

행주 대첩에서 크게 패해 사기를 잃은 일본은 싸움에서 이길 가능성이 없자 한양 철수를 서두르며 명나라에게 안전하게 물러갈 길을 터 달라고 요청했어. 명나라도 전쟁이 길어지는 것은 바라지 않았기 때문에 일본의 휴전 제의를 받아들여 일본군의 퇴각을 보장해 주었지.

일본군이 철수한 조선은 거대한 폐허로 변해 있었어. 일본군은 전쟁 중에 조선 백성들을 무자비하게 죽이고 재산을 약탈했어. 한양의 궁궐과 관아는 물론 조선 땅 곳곳의 많은 집이 불타 버렸고, 굶주림과 전염병으로 죽은 백성들의 시체 썩는 냄새가 온 나라에 진동했지.

명나라군의 참전으로 평양성을 되찾고 일본군의 침략을 막을 수 있었지만 그로 인한 폐해도 컸어. 아니, 오히려 명나라군은 일본군보다 더 포악했다는구나. 명나라군이 지나간 마을의 피해가 얼마나 컸는지 백성들 사이에서는 "왜군은 얼레빗, 명군은 참빗"이라는 말이 떠돌기까지 했어. 일본군이 굵고 듬성듬성한 얼레빗으로 긁어 가는 정도였다면, 명나라군은 가늘고 촘촘한 참빗으로 싹 훑어 가 남는 게 없을 정도로 명나라군이 더 큰 피해를 입혔다는 뜻이란다. 조선 백성들이 명나라군을 조선을 진정으로 도와주러 온 구원병이 아니라 점령군으로 여겼다는 것을 알 수 있지.

【 '그들만의' 강화 회담 】

명나라가 일본군을 뒤쫓으려는 조선군을 저지하며 일본군의 퇴로를 지켜 주는 바람에 일본군은 안전하게 남해안 일대로 퇴각했어. 그러고는 거제도에서 울산까지 방어막을 치고 왜성에 주둔하며 명나라와 강화 회담을 했어. 싸움을 그만하고 평화 협상을 하자는 거지. 퇴각하는 일본군을 추격하려 했던 조선이 협상에 응할 리가 없다고 생각한 일본은 싸울 뜻이 없는 명나라를 협상 상대로 선택했어. 평양성을 탈환한 뒤 1차 목표를 이루었다고 판단한 명나라군도 일본군과 더 싸우다가 피해를 입기보다는 어떻게든 전쟁을 끝내고 싶어서 일본의 제안에 응했어. 이렇게 해서 정작 전쟁 당사국인 조선은 쏙 빼놓고 명나라와 일본 두 나라만의 강화 회담이 시작되었단다.

일본은 협상에서 명나라 공주를 일본 국왕의 후궁으로 보내고, 조선 8도 중 한강 이남의 4도를 일본에 넘겨주며, 조선의 왕자와 대신을 일본에 인질로 보내라는 등 7가지 요구 조건을 내세웠어. 명나라는 전쟁을 일으킨 도요토미 히데요시가 항복을 하고, 조선에서 완전히 철수하며, 앞으로도 조선을 영원히 침략하지 않겠다고 맹세해야 한다는 조건을 내걸었지.

명나라는 일본의 요구 조건이 터무니없는 주장이라고 여겼어. 명나라와 협상해서 쉽게 조선 땅을 차지하려던 일본도 명나라의 요구 조건이 못마땅하기는 마찬가지였지. 이처럼 두 나라의 입장이 너무 달랐기 때문에 3년이 넘도록 협상은 이루어지지 못했단다.

부산 기장군 죽성리 왜성 일본군은 본국에서 군수 물자를 보급받고 전진과 후퇴를 원활하게 하기 위해 부산, 순천, 울산 등 남해안 일대에 약 20개의 왜성을 쌓았다. 행주 대첩에서 크게 패한 일본군은 남해안 일대로 후퇴해 장기간 왜성에 주둔하며 조선군과 대치했다.

키워드 27 정유재란

다시 닥쳐온 전쟁

명나라와 일본이 강화 회담을 벌인 이후 4년 가까이 조선의 영토에서는 휴전이 선언되고 큰 전쟁이 일어나지 않았어. 하지만 일본은 경상도 연안 지방에 왜성을 쌓고 방어 태세를 갖추며 끝까지 전쟁을 포기하지 않았지. 그러다가 명나라와 협상이 완전히 깨지자 1597년 정유년에 다시 전쟁을 일으켰어. 이를 정유재란이라고 한단다. 조선은 이 전쟁을 어떻게 막아 냈을까?

【다시 전쟁이 일어나다】

명나라와의 강화 협상이 깨지자 고니시 유키나가와 가토 기요마사가 일본군 선봉대를 이끌고 남해안으로 들어왔어. 일본은 임진왜란 때 전쟁에 패한 요인이 바닷길과 전라도를 장악하지 못한 데 있다고 파악하고, 이순신과 조선 수군을 격퇴하고 전라도를 집중 공략한다는 계획을 세웠어.

먼저 고니시 유키나가는 해전에서 가장 걸림돌이 되는 이순신을 제거하기 위해 계략을 꾸몄어. 조선 조정에 첩자를 보내서 가토 기요마사가 일본군을 이끌고 가덕도에 정박할 것이니 잠복해 있다가 기습하라는 거짓 정보를 흘린 거야. 고니시 유키나가 자신은 가토 기요마사의 경쟁자이기 때문에 알려 주는 거라고 하면서 말이야.

고니시 유키나가와 가토 기요마사의 관계를 알고 있던 조선 조정에서는 이 말을 믿고 이순신에게 출동 명령을 내렸어. 하지만 이순신은 이것이 일본의 계략이라는 것을 알아채고 출동하지 않았어. 일본 수군이 한산도 대첩에서 패한 뒤로 해전을 피하면서 육군의 지원을 받을 수 있는 남해 연안의

함대 기지를 거점으로 삼고 그 주변에서만 움직이고 있었기 때문에, 이순신은 조선의 수군과 육군이 합동으로 동시에 공격하지 않으면 조선 수군이 포위되거나 불시에 습격받을 수 있다는 점을 잘 알고 있었지.

이 무렵 이순신은 한산도에 세운 통제영(해군 총본부)에서 삼도 수군 통제사를 맡고 있었어. 오늘날로 치면 해군 총사령관인 셈이지. 조선 조정에서는 왕의 출동 명령을 거부한 이순신을 감옥에 가둔 뒤, 삼도 수군 통제사직을 빼앗고 백의종군하게 했어. 일반 병사처럼 벼슬 없이 싸우게 한 거야.

이순신 대신 삼도 수군 통제사를 맡은 원균은 일본의 보급로를 차단하라는 명을 받고 부산 앞바다로 전함 200여 척을 이끌고 나갔어. 원균 함대의 공격을 받은 일본군은 도망치는 척하며 해안에 만든 요새로 숨었다가 반격했어. 원균은 결국 칠천량 해전에서 크게 패해 죽고 말았단다.

남해를 장악한 일본군은 거칠 것 없이 전라도로 들어가 남원성과 전주성을 점령하고, 닥치는 대로 조선 사람을 죽이고 불을 지르며 조선 땅을 짓밟았어. 도요토미 히데요시는 전라도를 전멸시키라고 명하며, 전공의 증거로 일본 병사 1인당 조선 사람의 코 세 개를 베어 보내게 했어. 이에 따라 일본 병사들은 피투성이가 된 바구니를 허리춤에 달고 싸웠다고 해.

코무덤 도요토미 히데요시는 일본군이 소금에 절여 나무통에 보내온 조선인의 코를 승전의 표시로 삼기 위해 교토의 히가시야마에 묻고 코무덤이라 불렀다. 후에 일본의 성리학자 하야시 라잔이 코무덤이라는 말이 잔인한 인상을 준다며 귀무덤으로 이름을 바꾼 뒤 오랫동안 귀무덤으로 알려졌지만, 실제로는 코무덤이다.

다급해진 조선 조정은 이순신을 다시 삼도 수군 통제사로 불러들였어. 그러나 이순신이 돌아왔을 때 조선에 남아 있는 전함은 겨우 열두 척뿐이었어. 수군의 사기도 떨어질 대로 떨어져 있었지. 이순신은 무기를 점검하고 배를 수리하면서 부하들을 격려했어.

그런 가운데 선조가 이순신에게 수군을 해체하고 육지전에 힘쓰라는 명령을 내렸어. 다 무너져 가는 수군에게 더는 기대할 것이 없다는 생각에서였지. 이에 이순신은 선조에게 상소문을 올렸어.

"임진년 이래 몇 년 동안 왜적이 감히 전라도와 충청도 땅을 밟지 못한 것은 우리 수군이 바다에서 그 길목을 지켰기 때문입니다. 다행히 지금 신에게는 아직 열두 척의 전함이 남아 있나이다. 죽기를 각오하고 싸운다면 능히 지킬 수 있을 것입니다."

일본 수군은 열두 척밖에 안 되는 이순신 함대를 전멸시키기 위해 전함 300척을 출동시켰어. 일본군이 명량 해협 가까이로 오고 있다는 소식이 들려오자, 이순신은 출정을 앞두고 부하들에게 결연히 말했어.

"너희들이 살려고 하면 죽을 것이요, 죽으려고 하면 살 것이다!"

명량 해협에는 육지와 섬 사이의 간격이 좁아 물살의 흐름이 빨라지는 울돌목이라는 곳이 있어. 울돌목은 많은 배들이 지나갈 때면 서로 부딪쳐 침몰할 가능성이 높은 지역이야. 이곳의 특성을 누구보다 잘 알고 있던 이순신은 일본

명량 대첩 해전도

함대가 울돌목을 지나갈 때를 기다렸다가 일자로 늘어서서 공격했어. 일본 전함들은 서로 부딪쳤고, 물살이 센 데다 폭이 좁아 도망가지도 못한 채 조선 수군의 화포에 하나둘씩 물속에 가라앉았어. 조선 수군의 피해는 거의 없는 완벽한 승리였지. 이 해전을 명량 대첩이라고 해.

【 노량 해전으로 끝난 전쟁 】

조·명 연합군이 한양으로 진격하려던 일본군을 충청도 직산에서 물리치고 바다에서는 이순신 함대가 크게 물리치자, 일본군은 남해안 일대로 물러나 장기전 태세에 들어갔어. 조·명 연합군이 울산성과 사천성,

울산성 전투 조·명 연합군은 일본군의 본거지로 가토 기요마사가 주둔해 있는 울산 왜성을 두 차례나 공격했지만, 일본군이 끝까지 버텨 결국 패배했다. 조·명 연합군이 울산 왜성을 포위하고 있는 장면을 그린 그림이다.

순천성 등 일본군이 주둔해 있는 왜성을 공격했지만 번번이 막아 내며 끈질기게 버텼지.

그러던 중 1598년 8월 도요토미 히데요시가 죽자, 일본군은 조선 땅에서 철수하기 시작했어. 일본군은 명나라 수군의 총지휘관인 진린에게 뇌물을 바치고 일본으로 돌아갈 수 있는 길을 열어 달라고 요청했어. 하지만 이순신은 물러가는 일본군을 막지 말라는 진린의 명령을 단호하게 거부했지. 조선 땅을 제멋대로 쳐들어온 왜적을 순순히 보내 줄 수 없었던 거야.

이순신은 노량 앞바다에 진을 치고 도망가는 일본군을 기다렸어. 노량 앞

바다로 나온 일본군을 가로막고 최후의 결전을 펼치던 이순신은 승리를 눈앞에 두고 적의 총탄에 맞아 쓰러졌어. 이때 이순신은 자신의 죽음을 적에게 알리지 말라고 당부했다고 해. 자신의 죽음이 알려지면 군사들의 사기가 꺾일까 봐 걱정한 거야.

일본 군함 200척을 크게 격파한 노량 해전을 끝으로 7년간의 전쟁은 끝났어. 1598년 11월, 일본군은 마침내 조선 땅에서 완전히 물러갔단다.

【전쟁이 남긴 것들】

7년 동안 계속된 전쟁은 긴 세월만큼이나 큰 상처를 남겼어. 비록 전쟁에서 승리를 거두긴 했지만 조선의 전 국토는 전쟁터가 되면서 피해가 몹시 컸어. 농사지을 토지가 없어지고, 떠돌아다니는 백성들이 늘어나고, 먹을 것이 부족해 굶어 죽는 사람도 많고, 온갖 전염병이 끊이지 않았지. 전쟁 직전까지 170만 결이나 되던 농토는 전쟁이 끝나고 30만 결로 줄어들었어. 농토의 3분의 2가 황무지로 변해 버린 거야. 죽은 사람의 수가 얼마나 많았던지, 일본군이 한양에서 철수하면서 죽인 사람의 시체가 광화문 밖에 산처럼 쌓여서 성벽보다 더 높았다고 해.

조선의 문화재와 건축물도 수없이 파괴되었어. 경복궁과 종묘, 불국사 같

일본군의 만행 일본군은 전쟁 동안 조선 백성을 무자비하게 짓밟았다. 특히 부녀자들에게 가한 폭행과 강간, 살인은 이루 말할 수 없이 잔혹했다. 정유재란 때 배씨라는 여인이 일본군의 만행에 저항하다 죽음을 당하고 두 아들은 포로로 끌려가는 모습을 그린 그림이다. 광해군 때 편찬된 『동국신속삼강행실도』에 실려 있다.

은 건축물을 비롯하여 한양의 춘추관과 지방의 사고에 보관되어 있던 귀중한 책들이 불타 없어졌어. 『조선왕조실록』도 전주 사고에 보관된 1부만 남고 나머지는 모두 없어졌지.

도자기공, 활자공 등 기술자들은 일본에 포로로 끌려갔고, 일부는 일본을 거쳐 유럽의 노예 시장으로 팔려 가기도 했어. 이렇게 일본으로 끌려간 조선인이 2~3만 명에 이르렀지. 일본에 포로로 잡혀간 도자기 기술자와 활자공들은 일본의 도자기 산업과 출판업 같은 문화

조선의 도자기 조선 시대에는 주로 백자가 많이 만들어졌다. 소박한 멋을 지닌 순백자를 비롯하여 청화 백자, 철화 백자 등 다양한 백자가 있었다. 조선의 도자기 기술은 세계에서 손꼽힐 정도로 뛰어나 임진왜란 때 많은 도자기공들이 일본에 끌려갔다.

발전에 크게 기여했어. 일본은 17세기 전까지 자기를 만드는 기술과 기술자가 없었기 때문에 특히 조선의 도자기 기술자들을 많이 데리고 갔어. 이 때문에 임진왜란을 '도자기 전쟁'이라고도 한단다.

일본은 또 포로로 끌고 간 이황의 제자 강항을 통해 성리학을 배웠는데, 강항의 제자였던 후지와라는 조선의 성리학이 일본에 정착하는 데 크게 기여했지.

명나라는 임진왜란과 정유재란에 참전한 것을 계기로 국방력이 약해지고, 특히 북방에서 새롭게 등장한 여진족이 세운 후금의 급속한 성장으로 국력이 한층 기울어졌어. 점차 명나라의 세력이 쇠퇴하고 후금이 성장하면서 명나라 중심으로 흘러가던 국제 관계에 변화가 왔는데, 이는 조선에도 큰 영향을 끼치게 된단다.

키워드 28 　조선 통신사

전쟁 포로를 데려오기 위해 나서다

임진왜란과 정유재란이 끝나고 조선 땅에 살아남은 백성들은 일본군의 포로로 잡혀간 가족들 걱정에 눈물 마를 날이 없었어. 전쟁은 끝났지만, 일본에 포로로 끌려간 조선 사람은 돌아오지 못했거든. 그러던 중 전쟁을 일으킨 일본에서 다시는 전쟁을 일으키지 않겠다며 통신사를 보내 달라고 요청해 왔어. 조선 조정은 포로를 데려오기 위해 전쟁 이후 처음으로 일본에 통신사를 보냈단다.

【 외교 관계를 정리하기 위해 통신사를 파견하다 】

일본에서는 전쟁을 일으킨 도요토미 히데요시가 죽고 나서 도쿠가와 이에야스가 쇼군이 되었어. 도쿠가와 이에야스는 "나는 조선과의 전쟁을 반대한 사람으로, 조선과 국교를 맺고 싶다."는 뜻을 조선에 전해 왔어.

조선 조정은 일본의 진심을 알아보기 위해 사신으로 사명 대사 유정을 보내기로 했어. 사명 대사는 임진왜란 때 승병을 이끌었고 일본과 네 차례나

조선 통신사 행렬도 조선 후기 숙종 때 도쿠가와 막부의 6대 쇼군 이에노부의 취임을 축하하기 위해 일본의 에도(지금의 도쿄) 성으로 가는 조선 통신사 행렬이다. 막부의 지시에 따라 일본 화가가 그렸다.

강화 협상을 벌일 정도로 외교력이 뛰어난 승려였지. 사명 대사는 일본에서 도쿠가와 이에야스를 만나 조선인 포로를 돌려보내겠다는 약속을 받고, 조선으로 돌아올 때 포로 가운데 일부인 3천 명을 데리고 왔어. 사명 대사는 일본이 더는 조선을 침략할 뜻이 없어 보인다고 보고했어. 하지만 조선 조정은 안심하지 않았지.

도쿠가와 이에야스는 자신의 지배 체제를 더욱 단단히 다지고 권위를 높이기 위해 통신사를 파견해 줄 것을 조선 조정에 거듭 요청했어. 조선은 일본과 계속 적대 관계를 유지하는 것이 큰 부담이 되었어. 그래서 일본과 새롭게 관계를 맺고 포로를 데려오기 위해 결국 통신사를 보내기로 했어.

일본에 통신사를 파견한 것은 이때가 처음은 아니었어. 조선 초기에도 일본에서 사절단을 보내오면 답례로 사절단을 보냈거든. 임진왜란이 일어나기 전인 1590년에도 통신사를 보냈지. 통신사라는 이름은 세종 때 처음 쓰기 시작했는데, '통신'은 '신의를 교환한다.'는 뜻이란다.

【 조선 통신사 행렬 】

조선 조정은 임진왜란 이후 처음으로 일본에 파견할 사절단을 꾸렸어. 먼저 사절단을 총지휘할 정사와 정사를 보좌할 부사, 날마다 일어난 일을 기록하여 귀국 후 왕에게 보고할 종사관을 임명했어. 이들 외에도 통역할 역관을

조선 통신사의 행로 한양에서 부산까지 가는 동안 사절단이 머무는 지역에서는 이들의 식사와 잠자리를 제공해야 했기 때문에 백성들의 부담이 컸다. 그래서 한양에서 부산까지 가는 길과 부산에서 한양으로 돌아오는 길을 다르게 잡기도 했다.

정하고, 일본 사정에 밝은 훈도도 뽑았어. 조선의 문화가 일본보다 더 훌륭하다는 것을 알리기 위해 문장력이 뛰어난 제술관을 뽑고, 글씨를 잘 쓰고 문서를 잘 옮겨 적을 사자관도 뽑았지. 정사와 부사, 종사관을 따라다니며 이들이 하는 일을 기록할 서기도 뽑고 말이야.

일본이 특히 의원을 많이 보내 달라고 해서 유능한 의원들도 뽑았어. 통신사가 가는 길에 흥겨운 음악을 연주할 악대도 선발하고, 춤 잘 추는 사람과 말 타고 재주를 부릴 사람도 뽑았어. 깃발을 들 기수와 통신사의 안전을 책임질 군관도 뽑았지. 또 이들의 활동을 그림으로 남길 화가도 뽑았구나.

통신사를 파견하는 데 필요한 인원과 물품을 마련하기까지 꼬박 1년이 걸린 뒤인 1607년 1월, 정사 여우길은 드디어 467명의 사절단을 이끌고 한양을 출발했어.

에도에 들어선 조선 통신사 행렬 영조 때 일본 쇼군의 취임을 축하하러 간 조선 통신사 일행을 환영하는 에도 주민들의 모습을 그린 그림이다.

부산에서 배를 타고 쓰시마 섬을 거쳐 일본으로 향한 통신사 일행은 기나긴 여정 끝에 도쿠가와 이에야스가 있는 에도에 도착했어. 도쿠가와 이에야스에게 국서를 전달한 여우길과 통신사 일행은 에도에 머물면서 극진한 대접을 받았지.

일본인들은 조선 통신사가 오면 유학을 접할 수 있는 좋은 기회라고 여겼어. 그래서 통신사 일행이 머무는 숙소에는 글을 잘 짓거나 글씨를 잘 쓰는 사람에게 글을 받고 싶어 하는 일본인들이 많이 모여들었어. 심지어는 조선으로 돌아가는 배에까지 올라타 글씨를 써 달라고 조르기도 했다는구나.

조선 통신사는 이처럼 조선의 앞선 문화를 일본에 전해 주기도 했지만, 일본의 농작물을 조선으로 갖고 오기도 했어. 영조 때 통신사로 일본에 갔던 조엄이 가져온 고구마는 먹을 것이 없을 때 감자와 함께 유용한 작물이 되었단다.

임진왜란 이후 통신사를 다시 보내기 시작한 조선은 그 뒤로도 일본이 요청하면 통신사를 보내 주었어. 일본에서는 주로 새로운 쇼군의 취임식에 맞춰 통신사 파견을 요청했는데, 조선은 순조 때까지 12차례나 통신사를 보냈지. 조선에서 순조 때를 마지막으로 더 이상 통신사를 파견하지 않은 까닭은 500명에 이르는 통신사를 파견하고 맞이하는 데 드는 준비 기간과 비용이 서로 부담스러웠기 때문이야.

【일본에 잡혀간 조선인 포로와 조선에 남은 일본인】

정사 여우길이 이끌었던 통신사 일행은 조선으로 돌아오면서 포로들을 데리고 왔어. 조선 조정에서는 이후 두 차례 더 통신사를 파견해 조선으로 돌아오고 싶은 포로를 데리고 왔단다.

그런데 임진왜란이 끝난 지 한참이 지나자 오랫동안 일본에 살던 포로들은 굳이 조선으로 돌아오려고 하지 않았어. 이렇게 스스로 조선으로 돌아오지 않은 사람들과 달리 조선에 돌아오고 싶어도 못 오는 사람들이 있었어. 조선인 포로를 데리고 있던 일본인 주인이 통신사가 왔다는 사실을 알리지 않았기 때문이야. 주인의 처지에서는 포로가 조선으로 가고 나면 손해를 보기 때문이었지.

조선으로 돌아오지 못한 사람 가운데 오늘날까지 유명한 사람이 있어. 바로 도자기를 만들던 이삼평이야. 이삼평은 충청도 지역에서 도자기를 구우며 살았는데, 임진왜란 때 가족과 함께 포로가 되어 일본으로 끌려갔어. 임진왜란에 참전했던 나베시마 나오시게는 이삼평에게 산페이라는 이름을 주고는 도자기를 만들게 했어.

일본 아리타에서 자기를 만들기에 적합한 고령토를 찾은 이삼평은 그곳에서 자기를 만들기 시작했어. 이로써 일본에서 처음으로 자기가 만들어졌지. 이삼평이 만든 자기는 동남아시아를 비롯한 해외로 팔려 나갔어. 그 덕분에 이삼평을 포로로 데리고 갔던 나베시마는 큰 부자가 되었어. 이삼평의 주인은 물론이고 일본의 영주들은 도자기 기술자들이 도망치지 못하게 감시했단다.

이삼평 비 일본의 아리타 주민들은 아리타에서 처음으로 도자기를 만든 이삼평을 아리타 도자기의 시조(도조)로 받들고, 이삼평이 도자기를 굽기 위해 처음 가마를 연 지 300년째 되는 해를 기념하여 1916년 '도조 이삼평 비'라고 새긴 기념비를 세웠다.

한편 임진왜란에 참전했던 일본군 가운데 일본으로 돌아가지 않고 조선에 남은 사람도 있어. 이처럼 조선에 남은 일본군을 '항왜'라고 해. 조선은 투항한 항왜를 처음에는 의심했지만, 이들이 일본과의 전투에서 큰 공을 세우자 점점 믿게 되었어.

항왜 가운데 대표적인 인물은 사야가라는 사람이야. 일본 규

녹동 서원 조선으로 귀화한 일본 장수 사야가(김충선)의 위패를 모신 서원이다. 대구시 달성군 우록동에 있다. 우록동은 사야가 조선에 정착해 살던 곳으로, 그의 후손들이 지금까지 이곳에 모여 살고 있다.

슈 지방에 많은 땅을 가지고 있던 사야가 가문은 도요토미 히데요시가 일본을 통일할 때 벌인 싸움에서 패하고 그의 지배를 받게 되었어.

사야가는 도요토미 히데요시의 명으로 일본군 장수로서 임진왜란에 참전했지만, 임진왜란을 명분 없는 전쟁이라고 생각했기 때문에 경상도에 상륙하자마자 조선에 투항했어. 사야가는 투항하자마자 경상도 의병과 힘을 합쳐 경상도 연안에 침투한 일본군을 무찔렀어. 조선에 조총과 화약 만드는 기술도 전해 주었지. 사야가는 총포 부대를 만들어 일본군을 물리치는 데 앞장섰어. 정유재란 때는 울산성 안에 숨어 있던 가토 기요마사의 부대를 무찌르기도 했고.

선조는 조선을 위해 앞장서 싸운 사야가에게 김씨 성과 함께 충성스럽고 착하다는 뜻으로 '충선'이라는 이름을 내려 주었어. 조선인이 된 사야가는 이후 김충선이라는 이름으로 살았지. 임진왜란이 끝난 뒤 사야가는 일본에서 배신자로 낙인이 찍혔지만, 400년이 지난 오늘날에는 일본과 한국 두 나라에서 평화론자로 새롭게 평가받고 있단다.

연표

조선 시대 전기

1392년 이성계가 고려의 공양왕을 몰아내고 왕위에 올라 새 왕조를 세웠다.

1393년 태조 이성계가 새 나라 이름을 조선으로 바꾸었다.

1394년 고려의 그늘에서 벗어나기 위해 개경에서 한양으로 도읍을 옮겼다.

1395년 경복궁을 완공하였다.

1398년 이방원이 신권 중심 정치를 주장하는 정도전을 죽이고, 1차 왕자의 난을 일으켜 정종을 왕위에 앉혔다.

1400년 이방원이 2차 왕자의 난을 진압하고 세자로 책봉된 뒤, 정종의 양위를 받아 왕위에 올랐다.

1401년 태종이 백성의 여론을 듣기 위해 신문고를 설치하였다.

1402년 16세 이상 남자에게 오늘날의 주민등록증에 해당하는 호패를 차게 하는 호패법을 실시하였다.

1405년 태종이 6조 직계제를 실행해 왕권을 강화하였다.

1413년 전국을 8도로 나누고 지방 행정 조직을 정비하였다.

1418년 태종이 충녕 대군을 세자로 책봉한 지 두 달 만에 왕위를 물려주어 세종이 왕위에 올랐다.

1419년 이종무가 조선의 해안을 약탈하던 왜구를 치기 위해 쓰시마 섬을 정벌하였다.

1420년 세종이 집현전을 다시 설치하여 나라의 정책을 연구하고 수십 종의 책을 펴내게 하였다.

1429년 세종의 명을 받아 조선 풍토에 맞는 농사법을 정리한 『농사직설』을 펴냈다.

1430년 세종이 새로운 세금 제도인 '공법'을 시행하기 위해 전국에 여론 조사를 실시하였다.

1433년 압록강 주변 국경 지역에서 약탈을 일삼던 여진족을 몰아내고 4군을 설치하였다. 4군에 백성들을 이주시키고 군사를 보내 지키게 하였다.

1434년 두만강 지역의 국경선을 지키기 위해 6진을 설치하였다.

자동으로 시각을 알려 주는 물시계인 자격루를 만들어 표준 시계로 정하였다.

1436년 6조 직계제에서 의정부 서사제를 다시 실시해 의정부의 기능을 강화하였다.

1441년 측우기를 제작하여 각 도에 보내 강우량을 측정하게 하였다.

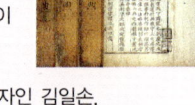

1442년 조선의 실정에 맞는 역법서인 『칠정산내편』을 완성하였다.

1443년 세종이 우리글 훈민정음을 창제하였다.

1444년 공법에 대한 여론 조사를 실시한 지 14년 만에 '전분 6등법'과 '연분 9등법'으로 공법을 확정하고 시행하였다.

1446년 세종이 최만리 등 유학자들의 반대를 물리치고 훈민정음을 반포하였다.

1452년 문종이 왕위에 오른 지 2년여 만에 죽자 열두 살의 단종이 왕위에 올랐다.

1453년 수양 대군(세조)이 계유정난을 일으켜 김종서, 황보인 등을 죽이고 정권을 장악하였다.

1456년 성삼문, 박팽년 등이 단종 복위 운동을 꾀하려다 발각되어 세조에게 죽음을 당했다.

1457년 단종이 영월로 유배된 뒤 죽음을 당했다.

1466년 세조가 현직 관리들에게만 월급을 주는 직전법을 실시하였다.

1469년 예종이 죽자 열세 살의 성종이 왕위에 올랐다. 왕이 나랏일을 돌보기에는 나이가 어려 세조의 왕비인 정희 대비가 수렴청정을 하였다.

1485년 세조 때 만들기 시작한 조선의 기본 법전인 『경국대전』이 완성되었다.

1498년 훈구파가 김종직의 제자인 김일손, 김굉필 등 사림파를 모함하며 많은 사림이 죽고 유배를 당하는 무오사화가 일어났다.

1504년 연산군이 어머니 폐비 윤씨의 죽음과 관련된 사람들을 처형하거나 귀양 보낸 갑자사화가 일어났다.

1506년 중종반정이 일어나 연산군이 쫓겨나고 성종의 둘째 아들 진성 대군(중종)이 왕위에 올랐다.

208

1510년 일본인들이 삼포(부산포·제포·염포)에서 난을 일으켰다(삼포왜란). 조선 조정에서 삼포의 항구를 폐쇄하고 일본과 국교를 끊었다.

1518년 조광조의 개혁 정치로 소격서가 폐지되었다.

1519년 개혁을 추진하던 조광조가 왕이 되려 했다는 모함을 받아 사약을 받고, 많은 사림이 죽음을 당하는 기묘사화가 일어났다.

1543년 주세붕이 성리학자 안향을 기리기 위해 경상도 풍기에 최초의 서원인 백운동 서원을 세웠다.

1545년 인종이 왕이 된 지 8개월 만에 죽고 나이 어린 명종이 왕위에 오르자, 중종의 왕비인 문정 왕후가 수렴청정을 하였다.

1550년 백운동 서원(소수 서원)이 처음으로 사액 서원이 되어 나라에서 땅과 노비 등을 받았다.

1555년 조선의 해안가에 왜구가 나타나 민가를 약탈한 을묘왜변이 일어났다.

1559년 황해도에서 천민 임꺽정이 권세가들의 재물을 빼앗고 탐관오리를 혼내 주는 등 의적으로 활약하였다.

1565년 문정 왕후가 세상을 떠나자 외척 정치로 부패를 일삼던 윤원형도 몰락하였다.

1567년 명종이 죽고 열여섯 살의 선조가 왕위에 올랐다. 명종의 왕비 인순 왕후가 수렴청정하였다. 선조가 성리학을 장려하고 경연을 부활시키면서 사림 세력이 다시 중앙 정치계에 등장하였다.

1583년 병조 판서였던 율곡 이이가 국방을 튼튼히 해야 한다는 국방 강화론을 주장하였다.

1591년 일본에 통신사로 파견되었던 황윤길과 김성일이 각각 다른 보고를 올려 전쟁이 일어날지 않을지를 두고 조정에서 의견이 분분하였다.

1592년 4월, 임진왜란이 일어나 일본군이 거침없이 한양으로 진격하자 선조가 피란을 떠났다. 경상도 의령에서 선비 곽재우가 처음으로 의병을 일으켰다.

7월, 이순신이 한산도에서 거북선을 이용해 일본군을 크게 물리쳤다(한산도 대첩).

10월, 김시민이 의병과 힘을 합쳐 진주성에 쳐들어온 3만의 일본군을 7일 만에 크게 물리쳤다(진주 대첩).

1593년 1월, 명나라군이 2차 원병을 파견해 왔다. 조·명 연합군을 결성해 일본군에게 점령당한 평양성을 탈환하였다.

2월, 권율이 백성들과 힘을 합쳐 행주산성에서 일본군을 크게 무찔렀다(행주 대첩). 조선군의 승리로 한양을 되찾고, 일본군은 남해안 일대로 후퇴하였다.

4월, 전쟁을 잠시 중단하고 명나라와 일본이 강화 회담을 진행하였다.

1597년 1월, 3년 넘게 진행되던 강화 회담이 깨지자, 일본이 다시 전쟁을 일으켰다(정유재란).

7월, 이순신이 모함을 받아 옥에 갇히자 원균이 삼도 수군 통제사가 되어 출정했지만, 칠천량 해전에서 일본군의 기습을 받아 전멸하였다.

9월, 이순신이 다시 삼도 수군 통제사에 임명되어 명량 해전에서 12척의 전함으로 일본군 함대 133척을 격파하였다.

1598년 도요토미 히데요시가 죽었다는 소식을 듣고 퇴각하는 일본군을 쫓아가 싸우던 이순신이 노량 해전에서 전사하였다. 노량 해전을 끝으로 일본군이 조선 땅에서 완전히 물러감으로써 7년간의 전쟁이 마침내 끝났다.

1604년 사명 대사 유정이 도쿠가와 이에야스를 만난 뒤 조선인 포로 3천 명을 데리고 돌아왔다.

1607년 일본 정부의 요청으로 조선 통신사를 파견해 일본과 다시 국교를 시작하였다.

찾아보기

ㄱ

간의 102, 104, 106
갑자사화 140
강항 201
강화 회담 192, 195, 196
거북선 177, 180, 181, 183~185
『경국대전』 130~137
경복궁 25, 26, 28, 30
경연 32, 48, 80, 122
경재소 152, 153
경회루 27, 119
경희궁 30, 31
계 153
계유정난 118
고경명 187
공법 84, 87~89
공양왕 16~18
과거 제도 60, 61
과전법 17, 86, 123
곽재우 186, 187, 190, 191
궁녀 37
권근 13

권람 117
권문세족 12~14, 17, 20
권율 194
궐내각사 35, 36
규표 102, 106
근정전 25, 26
금군 51
금성 대군 118
기(氣) 20, 154~158, 161
기대승 157~160
기묘사화 146, 156
김굉필 127, 139, 142
김덕령 187, 191
김문 94
김성일 172
김시민 190
김일손 127, 138, 139
김종서 111~113, 116~119
김종직 127, 139
김질 120
김천일 187

ㄴ

『난중일기』 181, 184
남효온 121, 139

내시 37
노량 해전 199, 200
노비 55, 58, 59
녹봉제 129
『농사직설』 81, 84, 85

ㄷ

단종 116~122
단종 복위 운동 120~122
덕수궁 30, 31
도요토미 히데요시 170~172, 178, 180, 195, 197, 199, 207
독서당 83, 129
『동국정운』 95
두레 153

ㅁ

맹사성 52
명량 대첩 199
명종 149, 159, 162, 164, 165
무과 60, 62, 63
무오사화 139
무학 대사 23, 24, 41
문과 61~63

문정 왕후 148, 159, 162, 163
문종 91, 98, 99, 116

ㅂ

박팽년 78, 79, 83, 91, 94, 119~121
방간 41
방석 39, 40
백운동 서원 148, 149

ㅅ

사가 독서제 83
사간원 46, 47
사관 52, 53
4군 6진 108, 110, 112, 113
사단 칠정 논쟁 157, 158
사대교린 108
사림파 128, 129, 139~141, 145~150
사명 대사 187, 188, 202, 203
사민 정책 112
4불가론 15
사액 서원 149
사야가 207
사육신 121
사정전 25, 26
사직 25
사초 52, 53
사헌부 46, 47, 143
삼강오륜 21, 70
『삼강행실도』 20, 21, 81, 91, 94, 155
3사 46~48
삼포왜란 168
상민 54~57
생육신 121
서경덕 155, 156
서당 66, 70, 71
서림 164, 165
서산 대사 187
서연 80
서운관 103, 105
서원 148~150
선조 160, 168, 172, 175, 176, 190~192, 198, 207
성균관 61, 66, 68~70
성리학 12~14, 20, 154~159, 161
성삼문 78, 91, 94, 118~121
성종 124~129
세조 116, 119~123, 125, 131
세종 33, 45, 74~113
소격서 144, 147
소수 서원 149
『소학』 21, 70, 71, 144, 151
송상현 173
수렴청정 34, 125, 127, 162
수령 칠사 49, 50
수양 대군 116~121
수표 102
숭례문(남대문) 28
승정원 36, 46, 47
신덕 왕후 39, 40
신립 173~175
신문고 44
신숙주 78, 79, 82, 83, 91, 94, 117, 120
신진 사대부 12, 13, 16, 17, 20
쓰시마 섬(대마도) 109, 110

ㅇ

안향 148
앙부일구 102, 105, 107
양녕 대군 74, 75

양반 54~56
억불숭유 정책 20, 129
언관 47
여우길 204~206
역관 56, 203
역성혁명 17, 19
연분 9등법 88
연산군 48, 52, 97, 138~141
5위 46, 51
옥포 해전 177
왕자의 난 38, 40, 41, 44, 45
왜관 168, 169
왜구 108~110, 162, 163, 169, 170, 185
왜성 195, 196, 199
『용비어천가』 92, 94, 95
우왕 15, 16
운종가 29
원균 197
위화도 회군 15, 16
유생 66~69
유성원 120, 121
유응부 120, 121
유자광 139
유향소 145, 152, 153
6방 131, 132, 152

육의전 29
6조 42, 43, 46, 47, 131, 132
6조 거리 28
6조 직계제 43, 122
윤원형 148, 162, 163
을묘왜변 168, 169, 184
을사사화 149, 156
의금부 46, 47
의병 186~191
의정부 42, 43, 46, 47
의정부 서사제 42, 43, 122
이(理) 20, 154~158, 161
이개 94, 120, 121
이극돈 138, 139
이방원 18, 38~41
이삼평 206
이성계 13~19, 22~25, 48
이순신 176~181, 183, 186, 196~198, 200
이순지 100, 104
이이 147, 154, 158, 160, 161
이장형 48~50
이종무 109, 110
이천 100, 104
이황 147, 149, 154, 156~161
임계영 190

임꺽정 162~165
『임꺽정』 165
임진왜란 168, 173, 176, 180, 183, 184, 186, 188~191, 196, 201~203, 205~207

ㅈ

자격루 100, 101, 105, 107
잡과 63
장영실 100, 102, 104
전분 6등법 88
정도전 13~18, 22, 25, 28, 38~40
정몽주 13, 17, 18
정여창 127, 139
정유재란 196, 201, 207
정인지 78, 94
정종 41, 78
정창손 83, 94, 120, 139
정초 104
정희 대비 124, 125
조광조 141~147, 151
조선 19
조선 건국 12, 38
조선 통신사 202~205

『조선왕조실록』 52, 53, 201

조식 147, 154, 158~160

조엄 205

조준 13, 16, 18, 38

조헌 187, 188

종묘 25, 28

주세붕 148

주희 20, 151, 154, 156

중인 54, 56

중종 138, 141~144, 146

중종반정 138, 140, 141, 146

직전법 122, 123, 129

진주 대첩 190

집현전 78~83, 122

ㅊ

찰방 50

창경궁 30, 31

창덕궁 30, 31

창왕 16, 17

천민 54, 58, 59

최경회 190

최만리 83, 93, 94

최영 15, 16

최윤덕 111~113

최항 78, 79, 91, 94

춘추관 36, 46, 47, 53

측우기 98, 99

칠천량 해전 197

ㅌ

태종 38, 40, 42~45, 52, 74~76, 109

ㅍ

판옥선 179~181, 183~185

8도 47~49, 51

품계석 134

품앗이 153

ㅎ

하륜 22

하위지 120, 121

학익진 179

한글 96, 97

한명회 117, 118, 120, 122, 125~127, 139

한산도 대첩 178, 180, 190

한성부 46, 47

한양 22~25, 29, 30

함흥차사 41

항왜 207

행주 대첩 190, 194, 195

향교 66, 69~71

향약 144, 145, 148, 151, 153

『향약집성방』 81

향촌 152

향회 151

현량과 144

호패법 44, 122, 123

혼천의 102, 104, 106

『홍길동전』 96

홍달손 117

홍명희 165

홍문관 36, 46, 47, 128

홍윤성 127

황보인 116, 117

황윤길 172

황희 75, 87, 111

효종 49, 50

훈구파 127~129, 139~141, 144~146

훈민정음 90~94, 97

사진 · 그림 제공 및 출처

❇ 사진 자료에 도움을 준 기관

경기도박물관	궤장 135
경남대학교박물관	서경덕의 글씨 155
고려대학교박물관	동궐도 31, 나무패 성적표 67, 야연사준도 111, 성균관 친림강론도 143
국가기록원 역사기록관	『선조실록』·『성종실록』·『세조실록』 태백산 사고본 52
국립경주박물관	갑옷과 투구 182
국립고궁박물관	일월오봉도 병풍 32, 곤룡포 33, 목화 33, 옥대 33, 익선관 33, 궁중에서 공주가 사용하던 노리개 35, 임금의 가마 36, 매우틀 37, 병부 48, 호위병의 도성 출입 허가 증표 51, 호조 현판 87, 앙부일구 107, 세조 비 정희 왕후의 옥보 125
국립민속박물관	마패 50, 종이로 만든 어사화 63, 경서통과 죽간 69, 서산 69, 먹과 먹 받침대 82, 벼루 82, 붓과 붓꽂이 82
국립중앙박물관	『삼봉집』 14, 판서 행차 42, 정승 행차 43, 노비 59, 무과 시험을 치르는 모습 62, 『삼강행실도 언해』 95, 정씨 부인이 올린 한글 상소 96, 『홍길동전』 96, 노비 매매 증거 문서 133, 백자 매화·대나무·새 무늬 항아리 201 〔중박 201110-5479〕 마패 50, 벼 타작 55, 길쌈하는 농가 여성 57, 상인 부부 57, 기생 58, 장원 급제자 삼일유가 행렬 63, 『시전대전』 64, 『시전』을 보관한 상자 64, 서당 71, 백자 청화 대나무·매화 무늬 연적 82, 필통 82, 한글 금속 활자 95, 한글이 새겨진 백자 제기 96, 이황이 쓴 향약의 서문 151, 『성학집요』 161, 백자 끈 무늬 병 201 〔중박 201110-5900〕 지통 82, 백자 철화 매화·대나무 무늬 항아리 201
국립진주박물관	호패 44, 비격진천뢰 182, 김시민 선무공신 교서 190, 평양성 탈환도 병풍 192~193
국사편찬위원회	일본으로 가는 역관 56, 부산 초량 왜관 168~169, 조선 통신사 행렬도 202~203
규장각한국학연구원	경강부임진도 23, 도성도 29, 왕세자의 시험 장면 35, 『영종실록』 52, 『태조실록』 52, 스스로를 노비로 판 문서 58, 왕세자의 성균관 입학식 67, 온양 별궁 전도 77, 『국조문과방목』 79, 『세종실록 지리지』 81, 『향약집성방』 81, 『농사직설』 85, 홍화문 사미도 86, 인목 왕후의 한글 편지 96, 왕의 활쏘기 의식 128, 『연산군일기』 139, 판옥선 185, 일본군의 만행 200
농업박물관	써레 85, 농기 153
동국대학교박물관	청화 백자 소나무·대나무 무늬 항아리 201
문화재청 현충사관리소	『난중일기』 181, 이순신 장검 183
서울대학교박물관	독서당계회도 83
서울역사박물관	호패 44, 병부 주머니 48, 과거 시험 답안지 65, 서산 69, 『용비어천가』 95, 녹패 129, 『경국대전』 131, 열쇠패 132
세종대왕기념사업회	세종 대왕 어진 76
세종대왕유적관리소	간의 106, 규표 106, 소간의 106, 혼상 106, 혼천의 106, 일성정시의 107, 자격루 107, 정남일구 107, 천평일구 107, 현주일구 107
소수박물관	주세붕 초상화 148
안동대학교박물관	이응태 부인의 한글 편지 96
영주 시청	소수 서원 149
오죽헌·시립박물관	현종의 한글 편지 96
원광대학교박물관	사명 대사 유정 초상화 188

육군박물관	동래부 순절도 173, 대완구 182, 별승자총통 182, 사전총통 182, 삼안총 182, 호준포 182
전쟁기념관	일본 장수의 갑옷 170, 일본의 조총 174, 이순신 장군 흉상 177, 신기전 화차 182, 조총 182, 천자총통 182, 거북선 184
전주 시청	태조 이성계 어진 19
한국국학진흥원	『삼강행실도』 20, 호패 44, 서산 69, 고비 82, 연적 82, 권심 처 손씨 분금문기 133, 『소학언해』 145, 북 150, 식당록 150, 조식의 방울과 칼 159
한국관광공사	정릉 40
해인사 성보박물관	세조 화상 123

사진 자료에 도움을 준 곳

두피디아	정몽주 초상화 18, 경복궁 30, 임꺽정 상 163, 부산 기장군 죽성리 왜성 195, 이삼평 비 206
북앤포토	선죽교 18, 사직단 25, 근정전 26, 자경전 27, 향원정 27, 숭례문 28, 광통교를 보수하는 데 사용한 정릉의 병풍석 40, 대정 향교 70, 수정전 80, 금영 측우기 99, 사육신 묘 121, 청령포 122, 조광조의 묘 147, 소수 서원 현판 149, 도산 서원 전교당 157, 이이 초상화 160, 칠백의총 188, 녹동 서원 207
사계절출판사	정도전 초상화 13, 강녕전 26, 교태전 꽃담 26, 사정전 26, 아미산 굴뚝 26, 자선당 27, 경복궁 근정전 내부 32, 교태전 34, 성균관 대성전 66, 성균관 동재 68, 수표 102, 수표교 102, 경회루 119, 품계식 134
연합뉴스	경희궁 31, 덕수궁 31, 이화 개국 공신 녹권 39, 진주성 189, 코무덤 197
㈜미래엔	『월인천강지곡』 95

사진 자료에 도움을 준 분

심준용	연산군 금표비 140
이정근	양녕 대군의 글씨 75
이진숙	조광조 초상화 144, 조광조의 시비 147
정주하	종묘 정전 24~25
지중근	경주 옥산 서원 150, 조선 시대의 향촌 마을 152
평양감사	함흥 본궁 41 *http://blog.naver.com/kleejh999

그림 자료에 도움을 준 분

강부효	경복궁 복원도 27, 세키부네 183
이준선	자격루 복원도 101

㈜사계절출판사는 이 책에 실린 모든 자료의 출처를 찾기 위해 최선을 다했습니다.
저작권자를 찾지 못해 게재 허락을 받지 못한 사진은 저작권자가 확인되는 대로 사용료를 지불하겠습니다.

키워드 한국사 4

2012년 1월 5일 1판 1쇄
2022년 4월 29일 1판 5쇄

지은이 | 신병주
그린이 | 김종도·김진화

편집 | 최옥미·강변구
표지 디자인 | 김지선
표지 그림 | 홍선주 **표지 제목 글씨** | 김기조
제작 | 박흥기
마케팅 | 이병규·이민정·최다은
홍보 | 조민희·강효원

출력 | 한국커뮤니케이션
인쇄 | 코리아피앤피
제책 | J&D바인텍

펴낸이 | 강맑실
펴낸곳 | (주)사계절출판사
주소 | (우)10881 경기도 파주시 회동길 252
등록 | 제406-2003-034호
전화 | 031) 955-8588, 8558
전송 | 마케팅부 031) 955-8595 편집부 031) 955-8596
홈페이지 | www.sakyejul.net **전자우편** | skj@sakyejul.com **블로그** | blog.naver.com/skjmail
인스타그램 | instagram.com/sakyejulkid **페이스북** | facebook.com/sakyejulkid

ⓒ 신병주 2012

값은 뒤표지에 적혀 있습니다. 잘못 만든 책은 구입하신 서점에서 바꾸어 드립니다.
사계절출판사는 성장의 의미를 생각합니다. 사계절출판사는 독자 여러분의 의견에 늘 귀 기울이고 있습니다.
이 책은 저작권법에 따라 보호받는 저작물이므로 무단전재와 무단복제를 금합니다.

ISBN 978-89-5828-374-4 74910
ISBN 978-89-5828-370-6 (세트)